团队是设计出来的
斯坦福大学创新力管理课程

执行篇

刘一寒◎著

民主与建设出版社
·北京·

©民主与建设出版社,2018

图书在版编目(CIP)数据

团队是设计出来的. 执行篇 / 刘一寒著. —北京：民主与建设出版社,2018.8

ISBN 978-7-5139-1803-9

Ⅰ.①团… Ⅱ.①刘… Ⅲ.①中小企业—企业管理 Ⅳ.①F276.3

中国版本图书馆CIP数据核字（2017）第305478号

团队是设计出来的·执行篇
TUANDUI SHI SHEJI CHULAI DE ZHIXING PIAN

出 版 人	李声笑
著　　者	刘一寒
出 品 人	一　航
出版统筹	刘东灵　康天毅
责任编辑	郭长岭
特约编辑	宋丹丹　李　丹
营销编辑	刘雅薇
封面设计	末　末
版式设计	邢　月
出版发行	民主与建设出版社有限责任公司
电　　话	（010）59417747　59419778
地　　址	北京市海淀区西三环中路10号望海楼E座7层
邮　　编	100142
印　　刷	北京嘉业印刷厂
版　　次	2018年8月第1版
印　　次	2019年3月第3次印刷
开　　本	700mm×980mm　1/16
印　　张	14.75
字　　数	197千字
书　　号	ISBN 978-7-5139-1803-9
定　　价	42.00元

注：如有印、装质量问题，请与出版社联系。

前言

在将近十年的时间里,我为很多国内外的企业提供各种团队管理、团队建设方面的建议,而大约有85%的企业是因为执行上出了问题,也就是我们经常说的"执行力低下"。毫不夸张地说,执行力问题已经成为一个全球性的问题,如果你问一个企业的老总或者主管,他们会兴致勃勃地同你谈论自己的伟大计划,他们会乐于与你分享一下自己的管理有多么完善,也乐于向你展示他们的人才、资源、技术有多么强大。但他们想展示出一个让人感到满意的结果时,往往显得力不从心。

这些企业一到执行的步骤,就总是状况百出,无论是中小企业还是跨国公司,无论是中国的企业还是外国的企业,都为执行问题伤透了脑筋。有家跨国公司的老总曾经在我面前抱怨说:"这个世界上最难的就是,你有很多个非常棒的想法，但是你没有办法完完全全地做到它。"实际上，和预期的目标相比，他的公司大约能够完成80%的工作，这已经很了不起了，但仍然不够优秀，执行结果出现打折的情况让他感到不爽，但也似乎感到很无奈。他拥有一个不错的团队，但看起来还不是一个优秀的执行团队。

"执行"并非一个新鲜的词语了，很多企业都在谈论执行，谈论执行力，谈论执行意识、执行目标、执行方向、执行队伍，尽管它们中的绝大多数都没有彻底了解这个词，也没有将执行做到位，但是"执行"的确已经是老生常谈的话题了。在这里，如果将其摆放在一个新奇的、神秘的或者高高在上的位置上，显然不合时宜。对于任何一个人、任何一个企业、任何一个团队来说，执行力都是一个很现实也很普通的话题，它就存在于每一个最简单的工作环节和流程当中。

但正是这样一个普通到不能再普通的话题，却困扰了全世界的企业。这听上去很矛盾，却有着更为深层的社会原因。很显然，大家习惯了忽略执行力。尽管我们每天都在工作，企业内部也时刻都处于运行状态，从产品的设计、研发、质量检查到发行、售后服务等，每一个环节都存在执行的情况。正是这种普遍性，使得多数人习惯了将执行当成"我做了"，他们觉得自己做了工作，这就是执行，但是做了并不意味着做好。执行力是需要一个合理的、可接受的结果的，而出色的执行力就意味着更加出色的工作成果。

如果更深入地了解执行力，我们会发现很多要求都被忽略了，我们没有去了解自己具体需要做什么、需要做到什么程度、需要花费多少时间去完成，也没有去考虑过自己所做的事情是否合理、是否符合现实、是否存在其他的可能性。多数执行者或执行团队可能只关注于"做"这一动作，而忽略了"做"的其他附加条件，而这些恰恰是最重要的。

也许随着管理制度的完善，随着员工执行意识的强化，多数人习惯了服从，习惯了按照领导的意图做事，做任何一件事。但当他们认真服从的时候，却发现听话不一定会带来好的执行结果。这种肤浅的认知也许会培养出一大堆对领导负责任的"好员工"，但未必就会成为好的执行者，好的执行者应该对执行结果负责，但是多数时候，团队中的员工都只是对上级的命令负责，这是在企业中存在的一种根深蒂固的思维，它破坏了管理者、执行者和执行力之间原有的健康关系。所以，即便我们一遍遍地谈论执行力，企业仍旧没有将其做得更好。

也正是因为这些，我有意识地将自己过去几年在其他企业中充当顾问时对于工作的一些看法和经验展示出来，将自己过去几年来所接触到的一些有关如何组建执行团队的理论展示出来，旨在还原一个真正的"执行力"——它不是一个单个的行为，不是一种单调的模式，不是一个程式化的东西，而是一种思维，一种我们组建团队的新思维，一种更为全面的方法。

尽管只是一家之言，但执行力是具备共性的。任何企业、任何团队、任何组织都需要执行力，这种执行力从本质上来说没有任何区别，也许只是换了一种方法、一种模式，但在本质上，它还是一种有效利用资源、保质保量达到目标的能力。换句话说，企业在执行过程中出现的各种问题，实际上指向的也不过是同一个问题。

有的企业家会说"我的员工不听话，总是不按要求办事"，有的企业家会说"我们一直都在按照规定做事，但是没有任何工作能够让我满意"，有的企业家会说"我们的人才是一流的，我们的技术是一流的，我们的资金也是充足的，但结果还是不尽如人意"……从结果来说，这些都是执行力低下的表现。

而改造或者完善这些团队的关键在于如何去提升执行力，这也是我在这些企业充当顾问时重点需要解决的问题，我必须想办法找出企业中的问题，然后对症下药，提供更为合理的改革建议。因此在这本书中，你可以找出很多非常好的方法，当然，这本书所展示出来的是一个执行团队建设的综合指导，它几乎涉及一切常见的执行问题，涉及执行团队建设的方方面面。

对于很多团队管理者来说，里面的所有问题和观点实际上都具有一定的代表性，所以管理者通常可以了解到执行团队建设过程中所要面对的问题，以及一些需要注意的事项，同时掌握更多团队建设的知识。而对于一般的工作人员或者执行者来说，他们是执行的主体，也是最容易出问题的环节，本书所展示出来的一些问题应该引起他们的关注，从而对具体的执行行为提供参考和帮助，避免在执行任务的时候犯下错误。

我在书中始终抓住"执行力"这一组建团队的重要元素，努力向您展示出打造一支优秀的执行团队的方法。案例非常具有代表性，能够引起很多企业的共鸣；而观点则具有很大的参考价值，对于多数企业都有很好的指导意义。希望能让大众读者非常明确地了解一个出色的执行团队究竟是怎样建成的。

刘一寒

目录

第一章 | 打造军队式的执行团队

1. 成功法则：无法忽视的执行力 | 002
2. 团队把脉：了解企业机构的特性 | 007
3. 一流的执行力好过一流的想法 | 011
4. 别把个人执行力和团队执行力当作一回事 | 014
5. 永远要选择最合适的执行者 | 018
6. 拥有强大的执行体系 | 021

第二章 | 将执行力元素"根植于"团队头脑中

1. 责任感：不找任何借口 | 026
2. 归属感：将"我"变成"我们" | 030
3. 合作意识：相互协作，创造合力 | 033
4. 耐力和毅力：做下去，直到完成任务 | 037
5. 效率：立即行动，绝不拖延 | 041
6. 踏实稳重：脚踏实地，步步为营 | 045
7. 专注：做得多永远不如做得好 | 049
8. 应变力：冷静面对，快速反应 | 053

第三章 | 先设计科学的目标：决定执行的成败

1. 战略规划先于执行 | 058
2. 执行目标的 SMART 原则 | 061
3. 永远不要同时追求两个目标 | 065
4. 团队要保持目标共识 | 069
5. 适当设定难度更大的目标 | 073
6. 短期、中期、长期目标一个都不能少 | 076
7. 将目标变成现实的步骤 | 081

第四章 | 设计合理的制度和规则：制度是保障

1. 增加员工不作为的成本 | 086
2. 合理的薪酬："这些钱值得别人去做多少事" | 089
3. 末位淘汰制：拿掉扯后腿的人 | 093
4. 执行力也是培训出来的 | 097
5. 执行流程：告诉员工每一步都该做些什么 | 100
6. 打造完善的监督和反馈机制 | 104
7. 统一制度管理的标准 | 108
8. 加强对命令传播者的管理 | 111

第五章 | 设计出团队的创造力：抓住关键点

1. 发挥执行者的个性与潜能 | 116
2. 执行并不意味着不加思考地服从 | 120
3. 灰度理论：尊重不同的意见 | 124
4. 学习也是提升执行力的一个重要方法 | 127
5. 逆向行动的"蓝军" | 130
6. 岗位轮换下的新思路 | 134

第六章 | 设计团队的态度：发挥团队的主动性

1. 认真面对每一份工作 | 138
2. 激发员工的主动性 | 142
3. 不能总是瞻前顾后 | 146
4. 专注细节才能获得成功 | 150
5. 执行不能追求"差不多" | 154
6. 适当克制自己的冒险精神 | 158
7. 实事求是是执行力的最佳体现 | 161

第七章 | 设计团队的竞争意识：拥有必胜的决心

1. 执行力就是一种核心竞争力 | 166
2. 一旦出击，必定倾尽全力 | 169
3. 接受挑战是最好的历练 | 174
4. 执行团队最缺的是野心 | 178
5. 这是一个快鱼吃慢鱼的时代 | 182
6. 好的团队需要一股"疯"劲 | 187

第八章 铸造果断强悍的核心领导层

1. 一流的执行力首先要从一流的创意开始 | 192
2. 增强上级的影响力与动员力 | 196
3. 打造共同的执行文化 | 200
4. 别让你的员工摸不着头脑 | 205
5. 合理统筹：让正确的人按照正确的方法做正确的事 | 209
6. 上级要主动参与团队事务 | 213
7. 一个合格的上级首先懂得保持自己的权威 | 217
8. 定期检查下属的执行力 | 220

第一章
打造军队式的执行团队

如何去定义一个好的团队，仁者见仁，智者见智，并没有一种统一的规则要求优秀团队必须是什么样子的，也没有哪一个团队敢于认为自己的团队就是最完美的。实际上，不同的团队往往有着不同的优势和不同的风格，直观地去评价它们是否优秀或者谁更好、谁更差，这都不是权威的说法。但是无论一个优秀团队是什么样子，拥有何种优势和风格，首先都需要把握住一个前提：出色的执行力。对于任何企业来说，它们的发展都是建立在执行力的基础上的，它们的价值获取也是建立在执行力的基础上的，没有良好的执行力，企业也就失去了成就卓越的基础。

1

成功法则：无法忽视的执行力

皮特先生是我朋友的一个重要的海外客户，他曾经响应加拿大政府的号召，成立了一家新能源公司，生意一度非常火爆，据说在事业巅峰期，公司的客户遍及全球57个国家和地区。可是到了2011年之后，皮特发现公司运转出现了一些问题，这些问题不是技术方面的问题，也不是资金问题，而是一些内部管理上的问题。

虽然我和皮特先前只见过几面，但对他的为人和性格有一定的了解，实际上他是一个非常典型的具有美国式浪漫和自由主义的企业家——为人敢于冒险，非常具有主见。而且他对于员工总是采取放养的姿态，他的管理理念就是："员工知道自己在这个公司里应该做什么，即便现在不知道，总有一天他们也会了解这一点的。"如果将整个公司作为一个团队，那么皮特的理念就是管理者的抽离和退出。很显然，像他这样的老板，一定深受员工的欢迎和喜爱。

可问题也随之出现了，当一个管理者开始模糊和弱化自己的管理功能时，整个企业就容易陷入松散的不可制约的混乱状态，这种美式的自由主义最终坑了他。皮特实际上并未意识到这一点，他后来找到我，向我请教过一些相关的管理问题，但对于自身管理上的失误始终三缄其口。

当然，那一次他将公司最近的一批工作计划以及工作成果大方地让我看，我发现公司的业绩并没有想象中的那么差，但也没有想象中的那么好，很多先前制定的工作目标和工作任务到最后都没有按时完成，其中在美国加州的一个投资项目竟然毫无因由地推迟了三个月，他和我朋友共同研发的一个项目也长时间处于讨论研究阶段，而据我所知，双方早在一年之前就已经达成了一致，也确定了一些不错的合作方案，但至今仍然没能落实。在其他工程项目上，很多都已经制订了一套方案，也提供了可行性研究报告，并且做出了样品，但最终似乎都不了了之。

显而易见，皮特的公司的确出现了一些比较严重的问题，只不过眼下的几单生意暂时掩盖住了这些问题，皮特虽然也有所警觉，可是终究没有切中要害来进行分析。十天之后，趁着皮特来我朋友公司谈论合作项目的事情，我给皮特打了一个电话，约他出来聊天。那一次，我们推心置腹地谈论了两个多小时，这已经占用了他很多宝贵的时间，但我那天也特意为他准备了一份特殊的"礼物"——解决问题的药方。

和上一次谈话不同，皮特这一次并没有本能地抗拒我的一些观点，而是尝试着接纳，他很快收下了我提出的几点改革建议，并表示愿意尝试一下。而几个月之后，皮特与朋友的公司正式开始实施那个合作研发的项目，那段时间，他特意邀请我去他在渥太华的私人住宅里做客，并且表示了感谢。他说最近企业的业绩有了很大的起色，而且一些合作项目也都顺利得以落实。那么，为什么在短短几个月时间里，皮特能够很快察觉到公司的变化和进步呢？这点还要从他公司的问题说起。事实上，皮特的公司最大的问题并不是资金、技术方面的落后，而在于企业执行力的缺失。公司有着良好的发展前景，有着明确而合理的战略规划和工作计划，也有不错的合作伙伴和合作想法，可是由于执行力太差，导致整个团队常常难以按时完成工作任务，导致一些好的想法停留在设想和计划阶段，而这最终制约了公司的发展。

我给皮特开的药方恰恰是针对执行力缺失问题的，而所提出的几点中肯的建议和意见正是为了帮他强化公司的执行能力以及培养出良好的执行惯性，让他的公司一旦有了好的设想，就立即安排员工去完成。正是因为这样，皮特很快就重新打开了公司的"动力系统"，督促和引导员工更好更快地完成相应的工作任务。

在企业管理中，执行力是一个非常重要的词，那么究竟什么才是执行力呢？我们该如何认识执行力，又该如何来强化执行力？

如果单纯地从执行力的定义来看，执行力就是指有效利用资源、保质保量达到目标的能力，指的是贯彻战略意图、完成预定目标的操作能力，是把企业战略、规划转化成为效益、成果的关键。

在这句话中，其实包藏有很多关键信息：

1. 基本要求是有效利用资源、保质保量

对于执行者来说，执行并不是一个简单的动作要求，而是具有要求的任务，因此不仅要去做，还要注意按照基本要求去做。

2. 最终目的是完成目标

对于企业来说，执行的目的是实现价值并创造价值，一切任务的执行都是具有价值目标的，完成了这个目标，执行才具有价值和意义，才算得上是优秀的执行力。

3. 前提是贯彻战略意图

当个体员工或者团队在执行任务的时候，通常都不应该盲目去做，而是应该提早制订相应的战略规划和安排，通过这些规划来引导具体的执行情况。可以说，任何一次具体的实践行动都应在特定的理论指导和规划下进行。

如果对执行力进行进一步的解析，还可以得出执行力的五个要素：为什么做、让谁做、怎么做、什么时候做好、做到什么程度。为什么做，这是一个前提和指导；让谁做，是一种人员战术安排，这决定了团队执行的效果；怎么做，是一种流程安排；什么时候做好，是一种制度约束；做到什么程度，则关乎结果考核。

如果说个人执行力是指每个人把上级的命令和想法变成行动，把行动变成结果，从而保质保量完成任务的能力，那么团队执行力就是指一个团队把战略决策持续转化成结果的满意度、精确度、速度，它是一项系统工程，表现出来的就是整个团队的战斗力、竞争力和凝聚力。

那么该如何打造出强大的团队执行力呢？一个执行型团队究竟是什么样的？执行力究竟取决于什么，又包含了什么样的特殊内涵？这些正是皮特先生后来同我探讨的问题，但我更喜欢称之为"国际性的管理问题"。实际上，执行力不强是很多公司都在遭遇的问题，致力于打造一个具有强大的执行能力与作战能力的团队，几乎是每一个管理者都在思考的事情。对此，每个人都具有不同的看法和观点，但是好的执行力往往具有很多共性。

1. 一流的责任感

在一个团队中，管理者要负责管理和引导每一个员工做好自己分内的工作，但是队员自己也要培养足够强大的责任感。因为真正的执行力首先是一种自觉的工作态度，这种自觉性取决于每一个员工对自己身上所肩负责任的认识和意识强化，如果团队或企业中的每一个人都愿意对工作负责、愿意为团队负责，那么就会主动承担重任，并按时按质完成工作任务。

2. 良好的协作意识

为什么有的公司能够很好地完成任务，而有的公司虽然工作的积极性很高，却常常把工作搞砸？原因很可能就在于内部的协作出现了问题。对于团队来说，每个人都去做并不意味着就一定是执行型团队，重要的是讲究分工与配合，只有相互协作，才能真正将工作做好。

3. 绝对的纪律性

并非所有的工作都能够顺利完成，并非所有的工作都能够一帆风顺，容易的工作需要执行下去，困难的工作面前也同样要保持良好的执行力，因此执行力的第一条法则就是"没有借口"。只要上级下达了指令，那么就要无条件地服从；只要上级制定了目标，就要全力去实践。良好的纪律性是执行力的重要保障，也是执行力的重要表现。

4. 坚定不移的意志力

一个优秀的执行者，首先是一个内心强大的人。对于他来说，任何困难都不能阻挡自己去完成工作任务，哪怕经历挫折和失败，也会坚持一路走下去。半途而废或者轻言放弃并不是执行者的工作作风，自己唯一的使命就是完成工作。

5. 速度和效率

因为执行力受到时间因素的限制，因此更快更高效地完成工作成为一个重要的衡量标准。很多人拥有独立完成工作的能力，但就是喜欢拖延，工作的时候常常借故延迟，结果导致工作不能按时完成，甚至一拖再拖，难以真正落实。对于一流的执行者来说，一旦锁定目标，并制定相应的策略，他们就总是采取立即行动的姿态，争取在最短时间内完成工作。

执行力通常包含了以上几种因素，想要提升团队的执行能力，就要懂得从以上几个方面入手加以强化。执行力还需要建立在自身能力的基础之上，如果个人能力不足，那么必定难以完成任务，即便个人的纪律性、责任感、服从意识再强，也不能称为优秀的执行者。因此在讨论执行力是一种态度的时候，千万不要忽略了其本质还是一种能力。

2

团队把脉：了解企业机构的特性

执行力对于企业来说不可或缺，企业也都在想方设法去提升自己的执行力，但是不同的企业往往拥有不同水平的执行力，不同的组织类型通常会表现出不同的执行力，而常见的企业机构包括以下七个类型：

1. 有活力的企业

对于充满活力的企业来说，它们对于市场的感知能力很强，而且适应能力也不错，面对市场出现的纷繁复杂的变化，它们往往能够保持坚定的商业战略，而且还可以找出应对外在环境变化所带来的影响。而在这种类型的企业中，公司会为每一个人才提供更加舒适、更加充满激情的工作环境，公司还会想尽一切办法满足员工解决问题的资源。

通常情况下，这一类公司最容易打造一支强大的执行队伍，他们的执行力会非常优秀，而且持续性很强，是打造执行团队的理想企业。

2. 及时应对的企业

及时应对的企业看起来往往不太灵活，缺乏精准的把握市场变化的能力，也常常不会准确预料可能会发生的事情，它们甚至不太可能为一些预料之外的事情做好充分的准备。但是只要环境出现变化，只要出现了一些意料之外的事情，它们往往可以快速地做出反应，从而确保公司不会因为这些突如其来的遭遇而受到影响。

这类公司的应对能力很强，不过由于缺乏合理的预判机制，缺乏敏锐的商业意识，所以尽管团队的执行力还不错，也能够挽留人才，但它们往往不够优秀，各种潜在威胁会对团队执行力造成严重挑战。

3. 集权式的企业

集权式的企业通常都有一个强势的领导或者一个强势的高层小团队，整个企业的发展都是依靠某个人或者少数人来支撑的。这类企业在管理上可能会非常精细，领导会事无巨细地参与到工作当中来，而且公司也确实能够制定出许多非常优秀的战略，能够策划出很多非常完善的规划。

不过在这类企业中，中层管理者的权限受到压缩，能力也无法施展开来，基层的执行者可能只是处于完全服从的工作状态，缺乏合理的创造性。尽管这些下层人员能够在高层的领导下将工作做到位，但是却难以有太大的发挥，而且一旦公司的高层发生人员变动，整个企业的执行体系就有可能面临崩塌的危险，执行力也将会受到极大的损害。

4. 消极应对的企业

消极的企业通常显示出和气、稳定的一面，它们表面上非常团结，企业常常能够制定各种制度和规划，而且在制定的过程中很少出现分歧和争执。可是这种共识往往只停留在讨论阶段，因为没有太多人会真正在意别人说了什么，或者自己想要说些什么，附和其他人成了一种最简单的方法。一旦落实到执行阶段，企业内部的消极情绪就会变成一个巨大的障碍，员工会认为自己缺乏实施这些计划的权力，并且会习惯性地认为这些政策没有什么实际效果，也难以长久持续下去，因此会选择无视高层的指令。

正因为如此，这类企业的执行力比较平庸，尤其是在面对一些重要的改革时，团队的执行力更是大打折扣。

5. 各行其是的企业

在这类企业中，通常会聚了很多精英人才，大家也都有意愿在公司里大展拳脚，做出一番事业，可是由于企业缺乏融洽的氛围，缺乏合理的企业文化，成员之间的团队意识非常薄弱，他们甚至根本没有团队的概念，一切都只当是个人表演和发展的平台。所以，员工可能能力出众，执行力也不错，却始终不能相互配合，不能朝着同一个目标和方向去努力，以至于整个团队像一盘散沙，公司根本无法实现既定的整体战略，也无法将所有的人力资源有效整合起来，实现价值最大化。

6. 过度膨胀的企业

对于一个过度膨胀的公司来说，由于它的规模超过了一个组织的正常模型，公司内部的结构变得庞大而复杂，以至于小部分的高层管理者根本无法有效进行管理，中层机构的增加会让内部沟通变得十分困难，高层的想法和旨意没有办法顺利传达下去，或者会在传达过程中发生曲解；而下层员工也没有办法将自己的工作情况及时向上级反馈。臃肿的机构只会带来更低的办事效率，使得所有的决策和执行都变得更加迟钝、低效、困难。

在这样的企业中，执行者的能力难以得到保证，潜力也无法正常发挥出来，而高层的一些好想法、好规划也难以得到落实，整个企业会因为巨大的内耗而失去竞争力。

7. 管理过度的企业

在一个管理过度的企业中，公司通常会设置太多的管理层，这些管理层会丧失基本的判断能力和分析能力，行动上也非常迟钝，远远落后于竞争对手。此外，管理者缺乏大局观，凡事只见树木不见森林，平时都在忙于做好自己的管理工作，都在忙着炫耀自己的权力和地位，却没有将目光放在如何寻求新的发展机会和应对发展潜在的危机上。

这类企业中充斥着浓重的官僚主义气氛，管理者缺乏干实事、干大事的能力，也没有那种魄力，相比于企业的发展，他们更加在乎的是自己的权力能否得到展示，更关心自己是否获得了足够的尊重。相比之下，那些真正实干的人往往得不到发挥的空间，那些有能力解决问题的人往往会遭到排挤。

　　以上这七种类型的企业具有很强的代表性，而且每一种企业都具有不同的特点，而这些特点恰恰会影响到内部执行力的高低以及团队的执行计划。所以，企业必须对照着去定位自己究竟属于哪一种类型，从而了解自己的执行水平，然后才能有针对性地做出完善和改革，尽量改掉自己在执行方面的缺陷，从而为组建一个更加优秀的执行团队打好基础。

3

一流的执行力好过一流的想法

2009年,我在北京一次企业家交流大会上认识了韩先生和张先生,这两位都是非常有魄力的青年企业家。当时韩先生在新加坡有一家互联网公司,虽然规模并不算太大,可是发展势头很好,在整个东南亚地区都有一定的影响力,而且当时正在准备制订拓展欧洲市场的战略规划。在互联网发展迅速的今天,韩先生却表现出了年轻人都少有的沉稳,在谈话中反反复复强调的就是"做好那些事",在谈到未来的规划以及一些新的理念时,他并没有太多让人惊艳的好点子。

而张先生则有所不同,他非常健谈,谈到产品设计、经商理念、各种发展方向,他都有着非常独到的见解。我当时翻阅了一下这家公司的简介,了解到他们是依靠创新、依靠好点子取胜的科技公司,他们每年都能够提出很多非常好的规划,总有一些新奇的令人惊叹的理念出现,很多专业人士都认为这家公司将会成为北美最出色的华人公司之一,当时很多投资者都愿意为它掏钱。

2013年，我再一次参加企业家交流会时，韩先生和张先生都在急急忙忙寻求新的投资人。当时有个朋友问我是否值得投资张先生的企业，我摇摇头，因为在我看来，这虽然是一家不错的公司，但实际上仅仅是不错的创意公司而已，或者说它更应该出现在创意大赛上，而不是商场竞争当中。在过去的五年里，这家公司的发展没有取得任何实质性的进步，就是因为公司的执行力出了很大的问题，似乎从老板到员工，大家无一例外地沉浸在设计美好理念的痴迷状态中，没有人去想过该认认真真地落实这些一流的想法，所以最终被包围在硅谷的科技泡沫和互联网泡沫当中，而且由于股东们的投资只获得了很少的回报，在未来的三年内，这家公司的发展堪忧。

　　与此同时，我准备从中牵线，让这个朋友投资韩先生的公司，因为当时韩先生已经进军北美市场和欧洲市场，最需要的就是资金的支持。朋友觉得很纳闷，因为他觉得韩先生的公司缺乏吸引力，感觉有些沉闷，所以婉言拒绝了。但在我看来，这家公司尽管缺乏那种让人耳目一新的理念，缺乏那种足以引起行业轰动的计划，但一切都在有序进行，一切都在掌控之中，他们在团队建设和管理方面做得非常好，是一支优秀的执行力大军。2015年底，朋友在电视上偶然听到一个消息，说韩先生的公司价值已经突破了百亿元，这让他后悔不迭。

　　在企业发展过程中，多数企业家或者投资人都会本能地将发展理念、创新意识放在最重要的位置，就是因为大家最容易通过这些想法来窥探和预知企业的发展潜力。这是一个非常常见的误区，多数人都是本能地被那些更为新颖和花哨的东西所吸引，并认为它代表着某一种方向。而一个好的企业，其最基本的文化内核应该是执行力，其发展的原动力也应该是执行力，一流的执行力远远要比一流的想法更加重要。

　　任何一个老板或者团队管理者都应该摒弃这样的想法：当我想到一个好点子时，我就比所有人都领先了一步。要知道，在大的商业竞争环境下，永远会有人比你想得更早，永远会有人想得比你更深更远，也许好的理念非常重要，但并非最重要的。如果将企业看成某一个价值系统，那么产生价值的关键就是执行力，依靠着出色的好点子，是无法直接提升产量、质量和效益的，实践才是打造这个价值系统的第一要素。

这个世界从不缺乏好的创意，但是只有当我们完成一个好点子时，它才会是一个好点子。管理学大师彼得·德鲁克说过："管理是一种实践，其本质不在于知，而在于行。"行动才是整个运作流程的关键，因为只有切实的行动才能产生价值，才能创造利润和财富，在落实具体的行动之前，任何一个理论、任何一种想法、任何一个方案，都不具备产生价值的现实意义。因此对于企业来说，有时候真正的竞争力并不在于你拥有多少好点子，而在于执行力是不是足够好，而好的执行力，往往就能创造更多的商业机会和价值。

所以对一个老板来说，他必须要弄清楚几个问题：

——员工想到了什么，然后是否能够完成它？

——员工想到了什么，但他们是否愿意去完成它？

——我们需要想得更多更远，还是要做得更多更好？

——公司的上一个好点子，现在实施到了哪一步？

执行力并非一个团队最显性的标签，却是最强大的标签，就像狼群一样，它们真正令人恐惧的地方并不是设计了多么好的伏击策略，而是持续的追踪能力。对它们而言，生存的第一要务并不是想着如何去抓住猎物，而是坚决地进行追击。

所以当你的队员或员工告诉你："老板，我有一个非常好的计划和想法。"一切都没有问题，但是先不妨让他把这个想法做给你看。毕竟一个好的企业、一个好的团队，并不是依靠各种设想来提升自身竞争力的，它们依存的基础永远是执行力，而且必须是一流的执行力。

4

别把个人执行力和团队执行力当作一回事

在谈到执行力的时候，企业家们通常会说"我喜欢某某员工的执行力""我希望某员工可以提升自己的执行力"，而且在多数情况下，我们都会将执行力当成一个个体的行为，就像某项工作没做好管理者会斥责某个人缺乏执行力一样。

但事实上，执行力并非总是针对个人的。作为一个团队，执行力所体现的更应该是一种集体性与合作性，也就是说真正的执行力必须是全体队员的共同行为。毕竟对于团队来说，没有人能够完成所有的工作，也没有人能够脱离其他人而单独存在，所有的工作都是相互联系、相互配合着来完成的。所以对于队员来说，不仅仅要完成自己的工作，还要注意和其他人配合，要将自己的工作纳入整个执行体系当中去。

我见过不少公司的负责人，他们常常大吐苦水，明明安排自己的员工做了所有的工作，可是最终的结果却往往不尽如人意，各个部门的工作衔接得并不好。实际上每一个员工都已经尽力工作了，而且也将公司交代的工作做得非常好，但问题是公司将执行力分割开来对待，将其当成一种个体行为，这并不合理。即便个体队员将工作执行得很到位，但并不意味着团队的整体工作会真正落实到位。

一个员工的执行力并不能代表一个团队的执行力，而团队执行力也不能直接地用团队内部每一个成员的执行力来替代，或者简单地进行叠加。对于团队而言，内部成员的发挥很重要，但是更重要的还是协作。这种协作才是价值和效益最大化的保证，也才是团队执行力真正发挥作用的关键。

还有一种情况是，团队在工作当中突然会发现很多人是多余的，他们似乎处于可有可无的状态，可是对于一个合理的健康的团队而言，没有一个人会是多余的，队员之间的协作就决定了他们在所处岗位上的任务和责任，每一个人都在执行体系中占据一席之位。

有些企业家和创业者会问我，该如何去打造一个超级公司，通常我的回应就是："不要总是想着如何成为大象，而应该想想如何成为蚂蚁。"当企业时时刻刻想着如何将自己变成一个巨无霸时，往往会忽略最核心也是最基本的东西——团队协作，当他们觉得自己可以依靠力量来解决任何问题的时候，也许根本没有想过，其实团队的集体力量才是最强大的。

从企业发展的过程来看，蚂蚁的作战方式会是最佳的模板，因为蚂蚁是最具执行力的动物，也是最看重团队协作的群体。而企业也应该如此，管理者要懂得将所有的执行者凝结成一个协作的作战群体，要让所有的执行力量都能够出现在最为合理的位置上，同时保持互助合作的精神。

1. 切忌单打独斗

拥有一帮能力出众的员工，是任何一个企业家都乐于见到的，但是工作能力强，不代表他们可以按照自己的想法行事，不代表他们可以不顾及他人的工作。一个好的员工不仅仅会顺利完成自己的分内工作，还会依据团队的状况和具体分工来执行任务。

所以任何一个老板都要给员工这样一个明确的信号："你不能擅自行

动,哪怕能力再强,也要按照公司的安排来做事。"而对于那些不服从统一安排的员工,要予以警告和惩罚。

2. 制订合理的规划和安排,让每一个人都能够参与进来

很多管理者或者老板都会有这样的想法,认为团队里的核心成员就代表了整个团队,但实际上任何一个团队既包含了核心成员,还包括一些角色成员,这些角色成员的存在和工作也许并不起眼儿,但是他们执行力的高低往往也影响了团队的发展。

让每一个人都参与到工作当中,让每一个人都释放自己的能量,这就是团队执行力得以保障的一个重要基础。因此对于管理者来说,不要仅仅关注那些核心成员的工作,既然是一个团队,那么必须要做到面面俱到,制订全面、合理的工作计划。

3. 打造良好的团队合作文化,营造良好的合作氛围

在一个团队中,核心成员可能会因为地位、能力,而不愿意和其他人共事,那些角色成员则会因为利益分配问题、受关注度的问题而产生不满。此外,员工由于缺乏合作意识,彼此之间会缺少必要的沟通和交流。

一个好的管理者懂得打造良好的企业文化,懂得将团队合作打造成企业的核心内容,并灌输到每一个员工的脑子里,确保员工能够培养合作的意识,从而有效提升执行力。

4. 做好流程管理

当一个企业出现分工不明确、工作重复、内部沟通困难重重时,很大一部分原因就是没能对所有的部门和员工做好精确合理的工作安排,简单来说就是流程不明晰。所以老板必须合理设计流程,并严格推行流程管理,将所有的工作流程进行细化和固定,从而确保每一个岗位工作者都可以做好自己的本职工作。

团队协作通常和企业的体系有关,管理制度、管理方式、企业文化、成员的素质、管理者个人的魅力,都会影响到团队协作的质量。因此,管理者必须全方位地加以改进，促进内部合作机制的形成，从而有效保障执行力的提升。

而对管理者和老板来说，在组建团队的时候，不要一味看重单个员工的个人能力，而应该弄清楚将所有人组合在一起时的效果，要了解组队之后的执行力是否有所提升，这才是一个好队伍应该考虑的问题。

5

永远要选择最合适的执行者

人永远是企业发展最重要的要素,作为创造价值的主体,人在企业中往往起着决定性的作用。从这一方面来说,企业队伍的组建并不应该是随意的、盲目的,而是应该有着特定的逻辑和规则的。

也许在一个好的领导、一个好的管理制度下,普通的员工也能做出很好的成绩,但这并不意味着人才选拔就没有任何必要。事实上,优秀的员工往往可以和企业的管理相得益彰,也可以更好地迎合管理者的个人魅力与能力。所以在一个好的执行团队中,任何一个员工都不应该是随随便便招收进来的。

有一次,我在山西参加晋商举办的内部培训大会,有很多企业内部的培训师宣称,企业招聘面对任何人,而且有信心将应聘者培养成人才,并打造最优秀的团队。对于人才招聘和培养,我从不质疑,但是至于能否将他们培养成优秀的执行团队,我觉得这应该打一个很大的问号。

事实上,没有任何一个企业的制度敢于宣称自己可以调教好任何一个人，一个好的团队并不是简单的人员拼凑，而是应该做到每一个岗位上都选择了最合适的人。因此那些声称能够随意将人培养并融入任何团队中的公司，实际上并没有了解组建团队的一些基本原理，而且也违反了逻辑。

对于企业来说，想要打造一个出色的执行团队，不应该仅仅将其定位成招收和培养几个听话的员工，招收更合适的员工才是组建团队的重点。像苹果公司和谷歌公司都是世界上招人最严格的企业，它们绝对不会随随便便就给一个高学历的专业人才开出薪水，而是采取了极其严格的招聘和选拔制度，它们在招聘人才方面的态度是非常谨慎的。它们需要的不仅仅是人才，而是能够形成一个执行团队的人才组合，所以只会寻找自己缺失和需要的那部分人，而不是将所有的精英都网罗起来。

我和巴里先生一起合作的时候，非常钦佩他的一些管理思想，他曾经说过：一个好的执行团队，应该是一种双向契合，一方面团队刚好需要这样的成员，而另一方面，成员可以在团队中感到如鱼得水。当企业和员工都找到最佳的选择时，所有的工作就会舒舒服服地展开，团队的执行力也就会得到有效的保障。

2014年，我受邀为一家民营企业制订团队战略计划，当时这家公司制订了三年内登陆新三板、十年内争取上市的规划，而这一切的前提就是进一步开拓市场，扩大影响力。可是企业负责人唐先生却不知道该如何组建一支优秀的队伍来执行这些计划，他当时问我该怎么寻找合适的执行者。在大致了解公司的规模之后，我给他提了一些建议：

1. 不要将飞机引擎安装在拖拉机上

绝大多数中小企业的弊端就是找一个海归博士来担任管理者，或者成为项目管理人，可是高大上的人才未必就一定适合团队，因为当那些高高在上的管理理念和低层次的发展状态相遇后，很可能会出现管理策略与现实相脱节而导致工作任务难以执行的情况。所以管理者应该坚持"不选贵的，只选对的"的原则，确保成员的执行力不会出现太大的偏差。

2. 好的执行团队讲究人员的最优化配置

中国企业的人员组成结构常常会走向两个极端：尽可能增加人数以及尽可能精减人数。由于很多中国企业就是依靠人数优势来起步的，他们习惯了将人数优势当成最大的竞争法宝，但实际上人数越多反而会造成团队内部的臃肿和混乱，降低团队的执行力。这时候，一些企业为了降低成本、精简机构，则会尽可能地要求员工一专多能，甚至同时胜任多份工作。

这两种极端都会对团队的工作造成破坏，实际上一个好的执行团队，并不在于人数的多少，而在于人数是否合理，在于人员安排是否科学。只要将合适的人安排在最合适的岗位上，那么自然不会存在所谓的人数问题，而且每一个员工的执行力也会得到充分的保障和提升。

3. 选择最听话的那些人

员工的能力很重要，但是这种能力必须束缚在听命于领导阶层的范围之内，最糟糕的情况不是员工将工作搞砸了，而是他们突然说："老板，我不想这么去做。"一旦老板的话对他们不起作用，那么员工的高能力就会成为企业的一种负担。所以对于管理者和老板来说，选择具有执行能力和执行意识的人非常重要，他们才是真正能够贯彻落实领导意志力的绝佳人选。

以上这三个建议其实可以作为绝大多数企业的建队理念来实施。实际上，对于任何一个企业的团队而言，都需要寻找到一种最佳的工作模式，而这个最佳的工作模式通常建立在最佳的人员配置基础上。如果人员的配备和选择出现了偏差，那么团队在执行任务时一定会遇到各种阻碍和困难，工作效率也会大打折扣，这一点应该是所有管理者需要注意的问题。

6

拥有强大的执行体系

任何一种好方法、好模式,都需要束缚在某一个体系之中,团队建设也是一样,它不仅仅是依靠某种模式、几个人、一个企业平台,而是需要打造一个好的体系。因此,想要打造一个好的执行团队,就有必要打造出色的执行体系,而且通常来说,企业必须在内部形成一个文字表述的、可内部学习传播的、持续发挥影响、多维度全方位的执行体系。

不过,企业想要打造一个完善的执行体系,就需要对整个执行体系有一个明确的了解和精准的定位:

1. 执行体系首先是一个文化体系

2011年夏天,我去秦皇岛度假,结果同行的朋友当中有两个广东企业家一直在感慨如今的员工不听话,企业布置的任务常常不能按时完成。尽管公司天天都在谈论执行力,而且也用制度加以规范,但问题还是没有办法解决。

听到两人的谈话后,我突然意识到这是一个非常典型的例子。首先这两个企业家都有一个思想误区，误认为执行力就是一种口号和制度，或者说依靠制度来规范；其次，他们错误地将"迫使员工听话"当成了管理的一种主要方式，或者认为这就是一种管理。

这两点是很多企业家都会犯下的错误，而直接的后果就是，员工并没有形成执行的意识，企业的执行力往往落在制度上和口头上，而没有办法付诸行动，这就是多数企业执行力不强的原因。

其实，很多企业家不妨进行一个横向的对比，麦当劳和肯德基的外卖为什么总是随叫随到？为什么苹果公司总能够将乔布斯的各种奇思妙想变成现实？为什么可口可乐公司总是能够在第一时间了解自己的销量情况？原因很简单，就是因为它们拥有完善的执行文化。

这些团队的内部，任何有利于执行的因素都会得到认可，并被充分地开发和利用，而任何一种不利因素都会被提前排除，从而确保团队形成一种注重现实、目标明确、简洁高效、监督有力、团结、紧张、严肃、活泼的执行文化。正是这种执行文化，确保了团队的执行意识、执行力度变得更强。

此外，对于一些拥有自己的执行文化的企业来说，它们必须对这个文化体系进行改造和完善。因为在执行体系中，很多想法和制度都是在企业自然发展的过程中形成的，这些不同的文化并不完全科学合理。对于企业来说，必须将之前的执行体系和文化体系进行梳理、引导、引申和规范，从而确保它们更加符合实情。

如果不能对之前的执行体系进行梳理和改正，那么执行文化中的糟粕可能会继续存在，员工的一些不良执行习惯、一些错误的执行理念、一些不合时宜的执行方法依旧会影响到正常的执行工作。只有重新进行梳理、补充、完善和规范，才能够打造出更加合理的执行力。

2. 执行体系是一个人事管理的体系

人始终都是企业最重要的因素，也是决定执行力的关键因素。因此，在一个优秀的执行体系中，必须要具备更多优秀的执行者，以及一整套合理的人员管理方法。通常来说，企业必须招收最合适的执行者，这些执行者不仅仅具有执行的意识，还必须具备执行的能力，也就是说他们是能够在执行文化的影响下真正完成工作任务的人。

所以，打造一个完整的执行体系，首先就在于寻找更合适的执行者，打造更加合理的人事管理制度，这些包括人事任免制度、人力与职位匹配制度、内部竞争制度、考核制度、激励制度以及其他一些常规的管理制度。通过人员的招收与安排，然后对所有的执行者进行科学合理的管理、引导，企业往往能够培养一大批认真负责且具有强大执行力的队伍，这样就等于为整个执行体系的构建打好了基石。

英国牛津大学的管理学家拉里·凯伦特认为"人就是一种体系，或者说人自成一种体系"，在他看来，任何一种体系的关键都是人，如果没有管理好人，如果人员的配置不到位，那么整个体系从一开始就有崩塌的危险。正因为如此，企业想要打造合理、完善的执行体系，就一定不能忽略人的重要性，一定不能忽略对执行者进行必要的安排和管理。

3. 执行体系是一个流程管理体系

在一个企业中，如果员工的执行力很强，管理很到位，执行文化也很出众，是否就意味着这个企业的执行力一定很强呢？答案显然不一定。文化、管理以及执行者都是执行体系中不可或缺的组成部分，但并不是全部的组成部分，仅仅依靠这些要素，还无法保证企业的执行力一定很强大。

对于企业来说，内部的流程设计往往至关重要，它直接决定了企业的运作效率。简单来说，如果企业的机构臃肿复杂、层级太多，或者机构设置不合理，就会导致沟通机制失效，会导致员工的执行力大打折扣。比如，很多企业的中间流程太复杂、各种管理机构太多，那么一旦公司上层下达命令，就不得不通过层层系统往下传达，一些非常好的点子在传达到最基层时，可能已经好几天了，这就错过了最佳的时间，加上传播过程中可能出现的扭曲和误解，即便是那些负责任的执行者可能也无法真正按照上级的意愿来完成工作，而这恰恰是公司效率低下的罪魁祸首。

所以，在打造执行体系的时候，企业必须有意识地优化和完善自己的流程，并加大流程管理的力度，尽量打造一个相对顺畅且能够高效运转的体系，从而保障公司的执行力。

如果对执行体系进行综合分析，就可以看出它的存在几乎涉及企业的方方面面，而且和其他内在的体系息息相关，这也就要求管理者在打造执行体系的时候，要保持足够的专注，要想办法完善各个环节，以此来保障整个执行团队的执行效果。

第二章
将执行力元素"根植于"团队头脑中

对于一个好的执行团队来说，它不仅仅是将一大批服从命令的员工集合在一起，也不仅仅是让所有的人听话，而是要在内部建立起一种执行的意识，而这种执行意识通常包括责任感、归属感、合作意识、耐力和毅力、效率、踏实稳重、专注、应变能力八个方面的品质。因此，企业在打造执行团队时，必须把握住这八个必备的要素，只有这样，团队的执行力才能够得到有效的提升，所有的执行结果才能够得到有效的保障。

1

责任感：不找任何借口

有个年轻人曾客客气气地找到我，邀请我给他的公司提一些团队建设方面的建议。和他攀谈一个多小时之后，我发现他的团队管理得非常好，甚至有些出乎意料。对于一家刚刚起步的公司而言，能够保持连续八个月实现预期目标，这样的成绩已经堪称优秀了。

我很好奇一个商场新人是如何做到这一切的，他腼腆地笑着，和我讲述了一个故事。

在巴拿马运河开凿期间，工程进度一直非常缓慢，前两任的工程负责人总是推托说工程难度很大，但实际上两个人似乎并不太关心工程的进度，而且后期更是干脆放弃了应有的监管职责。而巴拿马运河对于美国的政治军事非常重要，一旦运河工程不能顺利完成，将会对美国在美洲的利益造成很大的损失。

当时的美国总统西奥多·罗斯福了解情况后，直接解除了工程负责人的职务，然后果断任命西点军校学员乔治·华盛顿·戈瑟尔斯来接手巴拿马运河工程。此举遭到了很多人的批评，因为戈瑟尔斯并无这方面的经验，让他负责这样一个浩大的工程实在太过冒险。但罗斯福却这样回复道："我需要人们一直坚守岗位，直到我不愿再让他们待在岗位上或者我说可以放弃任务，我相信只有军人才能做到，所以我应当把工程移交给军人。"而事实上，戈瑟尔斯并未辜负总统的信赖，顺利完成了工作。

故事所要传达的信息显而易见，这个年轻的企业家所依赖的就是责任感，也正是因为在公司内部用了那些有责任感的人、有强大执行力的员工，他才能够将企业制定的每一个规划和设计理念付诸实施。回国后，我在多个场合谈论过这个年轻人的故事，并认为这是团队建设方面一个很好的范本，至少在执行力方面，这家公司已经有了西点军校的风范。

如果将这个故事进行简化和压缩，那么其核心思想就是责任感，这也是很多团队欠缺的东西。比如在企业中，员工常常不愿意对自己的工作认真负责，或者至少不会负责到底。当老板下达任务时，他们可能会寻找借口来推托，或者干脆消极工作，并为自己可能出现的失败寻找托词。就像我们平时经常听到的那样，"老板，这不是我的错误，而是工作太难了"。很不幸的是，如今这句话几乎成为一种流行语。

在一个缺乏责任感的团队中，借口往往会成为最佳的掩饰，也会轻易摧毁企业的价值体系和执行体系。在现代企业制度日益完善的今天，员工的地位得到了很大的提升，但也因此带来了一个大问题——多数员工忽略了自身工作的本质。

在企业中，最基本的工作都应该按照要求，不找任何借口地执行下去，这是任何一个团队都要做到的事情。从更深层次的含义来说，员工有责任去做好分内之事，他们的任务就是对工作负责到底，困难或者失败并不值得过分考虑。"没有借口"应该成为员工最基本的一种觉悟和态度，无论他们本身是否真的有能力和信心完成这份工作，首先都要保持一个端正的姿态。

1. 不找借口意味着坚决服从

在企业中，服从文化并不是简简单单的老板文化，真正的服从应该建立在强烈的责任感和使命感的基础上，只有那些愿意为工作努力付出的人，才会愿意成为服从者。不过即便如此，老板也必须强化这种使命感，并采取强制的措施来约束下属。在必要的时候，老板可以给员工传达这样一个信息：你们需要服从我的命令，而我则服从于企业的战略需求，我们都没有理由去寻找借口。

这种服从应该是整个团队的文化精髓之一，并用制度加以规范和巩固，以确保整个团队从上到下的所有人都能够养成一种服从的意识。

2. 不找借口意味着百分之百地投入

从工作的角度来说，任何一个投入工作当中的人都必须尽心尽力，无论工作当中会遇到什么困难，无论自己是否真的有信心来完成这份工作，只要接受了命令，就一定要全力以赴，拿出最佳的状态投入其中。相比于这种投入，任何一个借口都会显得微不足道，都会显得毫无价值。所以与其在老板面前抱怨，倒不如以最大的努力来完成任务，承担起自己的分内工作。

3. 不找借口意味着最严格的考核制度

对于任何一个喜欢找借口的人来说，真正害怕的东西就是面临失败，为了保持某个更好的个人形象，保证某个更为安全的工作环境，常常会利用借口来降低自己所要承受的风险。但是对于一个优秀的执行团队来说，执行结果应该是考核的唯一标准，只要员工没有完成工作任务，只要员工面临了失败，就应该毫无理由地予以惩罚。

这种做法实际上能够有效杜绝找借口的现象，毕竟当团队成员发现借口不再是一个好的盾牌时，会慢慢放弃这种自我逃避的策略。

其实，任何一个人都具备一定的趋利性，会刻意逃避对自己不利的因素，但是对于企业发展来说，无论外在的环境是好是坏，都是每一个团队应该去面对的。也许替自己的逃避或者失误寻找一个借口并不难，可是寻找借口的行为往往会影响到员工对于分内工作的责任感以及忠诚度，从而降低执行力，一旦形成一种习惯，企业的发展就会被那些无足轻重的借口绑架，企业的目标也会被它们摧毁。

2

归属感：将"我"变成"我们"

为什么有的人拿着很少的工资，却始终兢兢业业地为团队而工作？为什么有的人始终不愿意跳槽，而是坚守在自己的企业当中？为什么一些企业中老员工的工龄普遍要比其他企业更长？为什么很多企业的命令一旦下达，就会在短时间内完成？

在这些疑惑中，也许我们能够找到很多种解释，比如足够高的工资、足够好的工作条件，但真正的原因可能在于归属感。在一个企业中，所谓的归属感指的就是员工对于团队、对于企业单位的认同感，以及自己在团队内部的存在感。

我去谷歌公司进行访问的时候，谷歌公司的一位副总裁同我谈论了很多内部的事情，包括企业的发展规划、企业的一些新科技，以及良好的工作环境，但真正让我印象深刻的是，他总是有意无意地强调这样一个措辞——"我们"。在介绍他管理的团队时，他更是避免用"我"这样的代词，而是全部巧妙地用"我们"来代替。

在很多企业中，也许很少有人会关注"我"和"我们"的用法，多数人更习惯于介绍"我"，或者以"我"的角度和立场来看待整个企业。在交谈中，这种区别也许并不那么明显，可是如果站在企业发展的高度上来说，就会产生截然不同的效果。"我"更多时候代表的是个体，是个人的表达和观点，而"我们"则体现出一种团队意识和集体精神，体现的是一种归属感。

而在很多企业中，这种归属感还非常薄弱，以至于很多员工的执行力非常低下。因为从本质上来说，一旦员工对企业、对工作缺乏认同感，或者并没有感受到自己在团队内部受到多少尊重、有多少存在感，那么就可能会对工作丧失兴趣。这时候，单纯地依靠工资和制度是难以刺激到员工长久地为工作付出的，他们也很难在工作中表现出强大的执行力。

那么企业该如何培养员工的归属感呢？

1. 工作利益的有效保障

对于绝大多数员工而言，一个企业或者团队真正能够吸引自己的一个前提就是利益，高工资、高福利、高职位以及好的工作环境，这些都是提升员工归属感的重要手段。毕竟对于员工而言，物质上的满足是他们为工作付出更大努力的原动力。所以对于企业管理者来说，如果无法为员工提供更多的利益，无法保障员工的合法权益，那么他们所有的命令在员工看来都是不具备任何效力的。

2. 提供更好的平台和发展空间

任何一个优秀的员工，都会对自己的人生规划有一个更为明确的认识，在他们看来，工作不仅仅是一个谋生的工具，更应该是一个实现自我价值的平台，这就是员工与工作产生共鸣的一个关键点。而老板要做的就是为员工提供更好的发展平台，努力为员工实现自我价值创造更好的环境，一旦员工觉得自己在团队里有追求，并且可以实现目标，必定会提升自己的忠诚度和归属感，努力将所有的工作当成自己的事业来完成。

3. 培养集体意识

一个团队是否有归属感，往往和这个团队的集体意识是否强烈有关。如果缺乏集体意识，那么团队的归属感必定不会存在，而企业的执行力也就无从谈起。所以优秀的管理者一定要在团队内部强化集体意识，要注重团队协作，注重对集体利益的保护，要求所有人将集体利益放在第一位。当所有的成员都把团队利益放在最高位置上时，他们必定会将团队当成最大的精神寄托，并为团队目标努力奋斗。

4. 打造主人翁精神

很多时候，员工的积极性不高，不愿意为工作付出太多的努力，这并不能简简单单归结为懒惰，归根结底还是一种主人翁意识的缺乏。在很多企业文化相对成熟的公司里，团队成员往往会身先士卒地为工作鞠躬尽瘁，会想办法做好每一份工作，因为在他们看来，自己就是企业的核心，就是企业发展的主要力量，整个企业就是自己的个人事业。

在这一方面，企业管理者需要重点进行把握，比如给予员工更多的决策权、尊重员工的利益和选择、让员工更多地参与一些重要的工作，并鼓励员工融入工作当中来。这些措施是凝聚人心的好方法，同时也有助于让员工觉得自己就是企业的主人。

对于团队管理者来说，仅仅将所有的成员组建成一支队伍并不够，好的团队需要具备一种内在的向心力，要让所有的队员感受到自己在团队中的地位，要感受到自己所受到的尊重，同时要让他们意识到自己对整个团队、整个企业能够产生很大的价值。当整个团队中的队员认为自己是企业中的一分子时，整个企业的执行力自然会更上一层楼。

3

合作意识：相互协作，创造合力

随着市场环境的不断变化，合作已经成为企业生存的一个主流策略。对外，企业必须尽可能地拉拢更多的合作伙伴和客户，提升市场竞争力；对内，团队必须制定合理科学的管理方式，将整个团队紧紧地凝结在一起，形成一股强大的合力，从而提升解决问题的效率，提升团队的执行力。

"这些事，我一个人也能做好"，这种想法已经落后于时代发展的脚步了，当员工告诉老板："我会做财务，也会进行产品质量检查，市场营销也还算可以，还能够帮忙拟定规章制度和通知，这些事，我一个人来做就好。"看起来，让一个人来做多人的工作，的确是一个优化劳动力以及节约成本的方法，但问题是一个人做的效率怎么样？一个人什么都能做、什么都去做，很有可能什么事也做不好，至少效率会差很多。团队工作在于让每一个人做自己最擅长做的，而不是做所有能做的事。

这就像是盲人摸象一样，需要很多人共同负责这个大项目，有人要负责摸鼻子，有人要摸眼睛，有人负责摸大象庞大的身躯，有人则专门摸大象粗壮的大腿,而有人要摸到象牙,当所有的摸象工作完成后,公司会将所有摸象人的工作结果进行分析与整合,最终才能完整地描述出一头大象。

不过,合作并不局限于在一起工作,在坚持合作方面,管理者必须避免进入三个思维误区:

1."人多好办事"

都说人多好办事,但是一个和尚挑水吃,两个和尚抬水吃,三个和尚没水吃,团队中最大的问题在于成员们常常相互推诿,责任感缺失,觉得别人会去做这件事,而不一定非得自己去做,人人都这么想,那么人人就都不会去做了。所以,团队内部首先应该明确每一个人的任务和责任,确保每个人都担负起自己的工作责任来,合理的分工能够有效利用每一份力量。

2."人多力量大"

如果你拥有一个50人的团队,可是每一个人都在向不同的方向使力,那么最终什么事情也做不成。"人多力量大"的前提是大家齐心协力,保持在同一个方向上用力,如果每个人都各做各的,那么人越多反而越乱。

3."集中资源更有效率"

集中资源做事,这是一个非常好的工作策略,但是在具体应用的时候,很多人可能会产生误解,认为集中资源做事,就是纯粹地将绝大多数或者全部的资源、精力投入某件事中,但实际上集中资源做事也需要分工。如果将全部的人力资源调用在某一个点上,只会造成资源浪费,同时还会影响办事效率。

我在上海参加某一次国际商业论坛时,和很多国内外的企业家都探讨过团队合作的问题,我们得出了一个结论:想要打造一个具有合作精神的执行团队,企业至少要从三个方面做好准备:

1. 共同的执行目标

当大家组成一个团队的时候，首先要做的就是制定一个共同的目标，这个目标就是将所有人凝聚在一起的一个基本动力，也是一个共鸣点。当大家都愿意为这个共同的目标而努力的时候，自然而然会相互迁就、相互合作，通过支持和配合其他人的行动来完成。

由于团队内部的成员往往拥有不同的背景和能力，相互之间可能会缺乏共同语言，而制定一个大家都能够接受且想要争取实现的目标，这就是最好的共同语言，往往可以将不同性质的人才整合成一支具有强大凝聚力的队伍。

2. 明确每一个人的职责

在企业中，真正完美的合作并不总是让所有人联合起来做同一件事，而是在同一个目标下，安排大家进行分工，让每一个人都出现在最合适自己的岗位上。管理者必须强化这种分工，让所有的人都专注做好自己的工作，财务的要专注于财务，市场的要专注于市场，人事部门要专注于人力资源管理，而当所有的人都完成自己的分内工作后，整个企业的工作就会顺利完成，不同工作之间的那种内在联系有效确保了目标的统一，有效保障了企业规划的完整性。

3. 建立更为完善的沟通机制

在一个团队中，想要队员之间形成足够的默契，想要让团队协作成为一种常态，管理者就需要建立完善的沟通机制和渠道，让队员之间有更多的信息交流，从而为合作打下坚实的基础。华为公司内部的信息渠道就非常完善，当华为某部门的员工准备接待客户的时候，会利用电子流来提出接待申请，系统接收到申请之后，其他部门会主动在第一时间内自觉地为他提供各种必要的帮助，包括给出一些基本的建议，介绍一些必要的接待工作流程等，尽量配合这个员工处理好客户的接待工作。

这种完善的沟通机制、沟通网络，既有助于企业实现内部信息的共享，也能够在分享中实现更好的合作，并强化员工的合作意识。

不过，合作意识作为执行团队的一个必备要素，并不是短时间内就能够培养起来的，它需要企业从各个方面来打好基础，需要做好全方位的工作。因此，对于团队管理者来说，强化内部合作始终是一个大工程。

4

耐力和毅力：做下去，直到完成任务

如果让我对如今的创业环境和创业趋势做一个总结，那么只有一句话：企业家习惯了打造一个好的开场，却很少有人做到一个完美的结尾。当我在某次创业者交流会上提出这个观点后，很多业内人士都拒绝对此做出评论，当时有个商界前辈提醒我说："你这样的话题说到了很多人的痛处，而且也很不吉利。"

在一个个雄心勃勃、对未来充满信心的创业者面前，也许我的话有泼冷水的嫌疑，却是一个无法回避的问题。曾经有人给我提供了一组冰冷的数据：中国中小企业的平均寿命仅有2.5年，中国集团企业的平均寿命是7至8年，而欧美企业的平均寿命为40年，日本企业的平均寿命则达到了58年。

在2015年底东京商工研究机构大调查的结果中，日本超过150年历史的企业达到了21666家，2016年则又增加了4850家达到150年寿命的企业。如果不出意外，到2019年时，这个名单上还会再增加7568家。那么在中国，企业的发展情况又是怎样的呢？那些有150年历史的老字号企业，我们可以用一只手数过来——六必居、张小泉、陈李济、同仁堂、王老吉。

最重要的因素恐怕还是耐力不足，很多企业在遇到困难后，认为自己做不下去了，就干脆解散整个团队，这是导致企业"短命"的罪魁祸首。无论如何，"坚持做下去"从来都不是中国商业的核心文化，这种坚定的执行力也是中国企业非常欠缺的。

很多中小企业和民营企业在面临不利的竞争环境或者生存环境时，团队内部通常会产生一种消极处理的想法，拒绝继续执行这些"无意义"的任务，在他们看来，失败或许已经是注定的了。而企业在这个时候往往也会改弦易辙，因此实体企业会转向房地产，会进入股票市场，会拼命往互联网泡沫里钻。

在2000年—2002年，全球范围内都爆发了严重的IT产业危机，这段时间被称为IT业的寒冬，在这两三年的时间里，大量的IT企业和互联网企业倒闭。由于市场不景气，仅仅在中国就有数千家的互联网企业直接被淘汰出局。而在那之后，只有少数几家IT企业存活了下来，像阿里巴巴、华为便是其中最典型的代表。

而一个有趣的现象是，经历过那段寒冬的企业，最终都发展得非常好，而且在不久的后来就迎来了井喷式的发展。很多人将这些归结为运气，但是为什么只有少数几家企业最终把握住了这样的运气呢？

如果真正对那段历史进行剖析，就会发现最关键的问题在于执行力，尽管在2000年之前，几乎所有的IT公司都在拼命挣钱，而且大都制订了非常好的发展计划，可是在具体执行的时候，多数企业都没能坚持到底。在寒冬来临的时候，迫于经济压力和市场低迷的压力，许多原本有前途且雄心勃勃的企业，最终放弃了继续执行自己的计划，转而改行或者直接选择退出。

在中国，缺的是有想法并且能够持之以恒做下去的人。企业难以长久发展下去的真正原因就是团队的耐力和毅力欠缺。因此，每一个企业和团队都应该对这种欠缺进行有效的自我反省。比如，反省一下，团队是不是经常将一件事做好了一大半，却因为遇到了挫折而主动放弃？反省一下，团队内部是不是积压了很多没有完成的工作？反省一下，队员是不是经常会抱怨问题太多，然后就找个借口放弃了？这些问题或多或少都反映出了由于耐力不足而展现出的执行力薄弱的情况。

因此对于企业来说，团队的管理者必须懂得让每一个成员都能够坚守下去，努力去完成每一个工作任务。

1. 强化并坚定团队的目标

当遇到困难的时候，目标往往是最容易发生动摇的，团队成员此时很容易产生悲观的心理，认为自己无法完成任务，认为团队无法实现最终的目标，而这种消极心理往往会让所有的行动和计划半途而废。因此管理者在组队之后，一定要强化团队的目标，要坚定不移地向这个目标进发，绝对不能让困难影响团队的计划，动摇最终的目标。

我的一个朋友在创业期间，每天早中晚三次耳提面命地在员工面前说一遍目标，为的就是让所有人都能够为之坚持下去。这种方法虽然显得有些啰唆，但也是强化目标的一个常用办法。

2. 适当地激励和刺激

为了让员工更好地坚守，团队负责人和管理者必须给予更多的激励，利用更高的工资、更高的职位来确保员工工作的积极性。一旦员工意识到只要自己坚持完成任务，就可以获得额外的报酬，那么必定会克服畏惧、逃避的心理。这种激励措施对于很多创业型的公司或者处于复兴阶段的公司往往有很强的功效，能够促使员工为团队的目标而奋斗。

在某些时候，管理者也可以将耐力作为考核的一部分，让那些坚守在工作岗位上的人能够得到最基本的尊重和奖励，这对于团队的工作氛围，以及员工耐力的培养都有很大的帮助。

3. 保持乐观的心态

一旦员工觉得自己无法完成任务,或者没有办法继续执行下去的时候,在心理上往往处于一个低潮期,这种情况下,管理者要做的绝对不是斥责,不是鲁莽地加以开除,而是用心开导,为团队注入更多乐观的情绪。比如,阿里巴巴的创始人马云在创业最困难的那段时间,经常和员工开玩笑,说以后要给员工买法拉利;而华为的任正非则告诉员工,日后最担心的事情应该是钱多得发霉了,最好有个阳台晒晒。这些激励手法在某种程度上可以在困境中激励员工。

一个善于坚持的团队才是好的团队,一个能够坚持到最后的企业才是真正的好企业,而想要让一个团队也能够具备这种持续的奋斗意识与竞争力,就需要为整个团队注入耐力,让他们在执行任务的过程中坚持到底,而只有坚持才有可能产生不错的执行结果。

5

效率：立即行动，绝不拖延

　　哲学家伏尔泰曾经提出一个谜题：世界上什么东西是最长的，也是最短的；是最快的，也是最慢的；是最容易分割的，而又是最广大的；是最不受重视的，而又是最惋惜的？没有它什么事也做不成；它使一切渺小的东西归于消灭，使一切伟大的事物生命不绝。

　　富有智慧的查帝格回答说是时间。时间无穷无尽，以至于我们肆意挥霍，而常常来不及完成计划；对快乐的人来说，时间过得很快；在等待的人看来，时间过得很慢；时间无穷宽广，也可以无限渺小；时间来临时，谁都不重视，等到过去后，又追悔莫及；没有时间，一切行动都是空谈；时间总是轻易忽略并带走那些微不足道的事物，而将那些伟大的时刻定格下来。

　　在企业中，时间可以定义为一种效率，但在很多时候，人们习惯了忽视时间，忽视了时间成本，做事情拖拖拉拉，这就是低效率、低执行力的一种表现。《明日歌》里有这样的训诫："明日复明日，明日何其多！我生待明日，万事成蹉跎。"一个人如果将工作一直往后拖延，就容易形成一个恶性循环，使得员工的积极性受到影响，其工作的热情、信心、责任感、执行力也会慢慢消失。对于团队来说，拖延的习惯是一个最大的威胁。

我在美国加州大学参观时，看到了一份学校内部的调查报告，报告中提到大约70%的企业都存在拖延的情况，就连一些跨国公司的一些大型项目也常常迟迟难以展开。而在很多中小企业中，一些重要的项目在进行探讨后，也制订了完善的计划，但是在真正执行前，往往会出现几个月的空白期。

拖延症已经成了一个困扰企业的大问题。作为一个管理者，帮助员工克服拖延的毛病，提升整个团队的工作效率，已经成了管理工作中的一项重要任务。有关拖延的习惯，其实往往是一个自觉性的问题，而执行者必须做出更深层的思考：是否认识到自己工作的重要性？是否意识到自己的延迟会给工作带来什么影响？是否意识到所有的拖延后果只能自己来承担？是否意识到自己承担不起这些严重的后果？

而在具体解决问题的时候，管理者必须让团队和成员做出一些更好的改变：

1. 将大目标分成小目标

在向目标发起冲击的过程中，一些大目标看上去非常遥远，以至于队员很容易产生惰性，觉得晚一点再动手并不会产生什么太大影响，而这通常会导致拖延症的发生。因此，管理者必须改变员工的思维，尽量将大目标切分成更多的小目标，这样就可以有效划分出不同的步骤，尽可能地让一件事变成十件事，从而拉近员工与目标的距离，促使员工立即行动起来。

2. 提升紧迫感

在一个团队中，一旦员工出现懒散的状态，那么必定会在执行的过程中拖拖拉拉，为此管理者应该增强团队的紧迫感，让员工迅速意识到这项任务的重要性，让他们意识到可能会遭遇到的变数。通常的做法是设定一个比较靠前的期限，这个期限会推着员工尽快地投入工作当中，并在最短时间内保持良好的工作状态。

3. 消除外在的各种干扰因素

当员工借故拖延时，通常是因为某些事情耽搁了他的行动，比如一些无意义的会议、一些骚扰电话或者是浏览网页，这些都会让员工下意识地将工作延后。针对这些问题，管理者必须拿出魄力，用铁腕来消除不利因素的干扰，迫使员工专注于所要执行的任务。

4. 分清工作的主次

对于团队中的任何一个成员来说，他们往往不只面对一项工作，而各种不同的任务往往会让员工分神，重要的是还会影响他们对于眼下工作的判断。而管理者的一个重要职能就是帮助队员理清思路，将所有的工作进行主次划分，让他们了解自己应该先做什么、后做什么，从而确保重要的工作不会被无故拖延。

5. 不要逃避棘手的工作

如果员工迟迟不想动手做某项工作，那么很有可能就是因为他讨厌或者害怕去做这类事。这一类相对棘手的工作也许让他们觉得压力重重，但是对于团队来说，任何任务都必须予以解决，不能因为有困难就拖延或放弃，所以管理者必须拿出自己的威严，强制要求员工按照要求行事，绝对不能逃避困难。很多企业每天会故意安排一些困难的工作让员工做，然后再做一些相对容易的，以此来提升员工的抗压能力，这也是提升工作效率和执行力的一个有效办法。

6. 不要总是等待最好的机会

在执行某项工作的时候，如果能够做好最充分的准备，自然会事半功倍，但很多时候并没有太多的条件去准备一切，因此员工不能以时机不成熟为借口，不能以条件不完善为理由，拒绝立即行动，毕竟等到万事俱备的时候，也许机会就已经错过了。因此，员工在面对各种工作时，一定要保持好的心态，不要总是用完美主义来衡量自己的行动。

6

踏实稳重：脚踏实地，步步为营

提起执行，很多人的第一印象就是快速、迅捷、立即行动，但是立即行动并不意味着可以毫无计划地投入到各种重大项目中去。好的执行力不仅仅需要速度和效率，还需要保持踏实稳重的状态。而很多企业在处理类似的问题时，往往会刻意注重速度，而忽略了稳定性。企业家们往往拥有快速做好某个工作，或者完成某个目标的决心，但是在此之前，可能完全忽略了自己的行动是否合理有序。

洛克菲勒曾经是美国最大的垄断资本家，家族的生意几乎掌握了美国的经济命脉，而洛克菲勒的儿子也雄心勃勃地想要继承父亲的产业。有一次，小洛克菲勒对父亲说："请您给我一个项目吧，给我三年时间，我能做得和您一样出色。"洛克菲勒只是笑了笑，让儿子先安心地从员工做起。一个月后，洛克菲勒问儿子："你上次说三年能做出很出色的成绩，那么现在呢？"小洛克菲勒有些羞愧地说:"大概需要五年时间,只要五年,我就能够像父亲一样。"

过了几个月,洛克菲勒再次问儿子同样的问题,而小洛克菲勒非常冷静地回答:"我不太清楚,也许是一辈子,我想我也许和您一样要干上一辈子,才能有这样的成绩。"洛克菲勒点点头,不久之后放心地将公司交给儿子来管理。

这个故事对任何一个企业家和管理者都具有很好的借鉴意义。事实上,执行力的衡量标准是效益和价值,快速的行动如果无法产生价值,同样不过是一种执行力低下的表现。仅仅以硅谷为例,在最近十年,涌现出了很多新兴企业,创业者都疯狂地将硅谷当成一个梦想起飞的基地,但问题是多数人在执行和贯彻自己的梦想时,步子迈得太大,也产生了更多泡沫。和20世纪八九十年代相比,如今的硅谷创业很容易,但是生存很难,只有很少的企业能够脱颖而出,因为所有人都想要快速地将一件事情做好,而没有静下心来想一想自己究竟有能力做好多少事,这是一种错误的执行策略。

从企业长远的发展来看,任何一个执行者在面对工作时,都应该保持务实的态度,管理者也必须将这种务实的精神传递给每一个队员。一个优秀的团队必须去做那些更有把握的事情,必须正确估量自身的实力和所能产生的价值,而不是盲目地将执行力当成一种价值开发的方式。无论是百事可乐、苹果公司、Facebook还是肯德基,它们在实现大目标之前,都经历了很长一段蛰伏期,都曾在低潮中一步步缓慢向前,在执行那些控制全球市场的伟大目标和任务时,它们尽可能地采取了稳步前进的策略。一个优秀的企业不仅仅在于它走得多快,更在于它走得多稳。

对于团队的管理者来说,他们必须明确一点:稳定才是团队得以存在和发展的基石。所以任何一个团队成员都不能急功近利,不能将执行单纯地理解为越快越好,而且在团队内部,管理者也必须打造务实的风气。

1. 从最小的目标开始

一个好的企业，它会为自己制定10亿、100亿的发展目标，但在此之前，一定会先从第一个10万、第一个100万开始奋斗。很多企业家和创业者习惯了从大目标上来提升自己的信心，喜欢将立足点放在那些最大的目标上，其实真正在执行过程中，永远都是从一点一滴开始的，只有先做到最小的事情、完成最小的目标，才能逐渐递进，向最终的大目标发起进攻。

2. 不要被外在因素诱惑

"去做一件事"与"将这件事坚持做完"，从来都是两码事，做事情并不能代表执行力强，因为执行的过程中，很多人可能会因为各种诱惑而放弃，比如当他们意识到自己做其他事情可以吸引更多的关注，或者实现更大的价值时，往往会选择性地放弃。这对团队而言，并非一个好现象，而管理者也需要避免这类情况的出现，不断强化员工的意志力，并加强监督，确保所有的工作都能够顺利实施下去。

3. 坚持，再坚持

我们平时谈论工作也是那样，员工每一天都在做自己的工作，并渴望获得成功，但是想要确保每一天都处于正确的轨道上，每一天都能够保证踏踏实实工作，这的确很难做到，多数人的工作热情和工作态度只能保证某一段时间，而枯燥的工作很可能会让人失去更大的动力，并降低对困难的承受力和免疫力。因此，管理者必须给队员施加压力，让他们持续保持最佳的工作状态，并克服潜在的困难。

4. 量力而行，制定最切合实际的目标

在企业中，妄想症是一个很大的问题，很多企业常常会错误地以为自己能够做到一切，能够做到更好，但是问题在于团队的实力决定了它们最终能够走多远。因此，在执行的过程中，一定要为那些可以实现的目标去努力，而不要去盲目追求太过高远的目标，因为那样只会让自己的行动变

成无用功。对整个团队来说，踏踏实实做到自己能做的，做好自己能做的，这就是对团队执行力最大的肯定。

当然，踏实并不意味着故步自封，并不意味着要放弃更加长远的目标，也并不意味着放弃执行的速度和效率，而是要将短期目标和长期目标结合起来，将速度和稳定性结合起来，从而确保执行的力度和效果。

7

专注：做得多永远不如做得好

在国际上有一家名为 Hard Lock 的公司，它是一家生产螺母的小公司，规模并不算大，可是业务却横跨亚欧美大陆，成为螺母市场中的佼佼者。如果对这家公司进行解读，就会发现在过去的 20 年里，这家公司只是在做一件事，那就是一直在提高螺母工艺水平上精益求精。

公司里的很多员工曾经感到不理解，为什么公司不利用眼前的名声，努力扩大业务，进行多元化的扩张呢？公司的负责人却认为专注地执行好一件事，远远比做好几件事容易得多，正因为如此，公司多年来，对所有的员工只有一个要求，那就是尽可能地生产出更好的螺母。

如今，这家公司生产的螺母是世界上同类产品中最好的，而且几乎全世界的高铁、飞机和轮船都在用它生产的螺母。而在 Hard Lock 公司的网页上，写着一段非常自信的注脚："本公司常年积累的独特的技术和诀窍，对不同的尺寸和材质有不同的对应偏芯量，这是 Hard Lock 螺母无法被模仿的关键所在。"

正因为保持专注，Hard Lock 才能够精益求精，并成为螺母界的第一名。而这一点对于所有的企业来说，都是一样的。很多企业和团队在追求目标的时候，往往重视数量而不是质量，它们会在短时间内生产出成千上万个螺母，会生产出成千上万部手机，会想方设法让自己获得更大的数量优势。可是在这些产品中，却常常没有一个可以称得上是精品，没有一个可以在市场上保持领先的优势。

对于员工也是一样，它们会将公司制定的产量提升 10%，会在公司要求的基础上做出更多的成绩，可是却往往会忽略质量上的提升。相比于自己将某项工作做得多么出色，他们更希望老板能够看见自己在产量上的突破。但事实上，一个好的执行者更应该为任务的质量负责，而管理者也必须改变团队内部重量不重质的思维和风气。

1. 压缩生产线，做自己最擅长的工作

在过去的几年里，多元化策略几乎成为各大企业的首选，可是当一个团队想要做这件事，又想要同时尝试其他的工作，最终往往会面临什么事情也做不好的尴尬局面，尤其是那些实力并不那么雄厚且缺乏足够竞争力的小团队，更是如此。因此，团队的负责人必须保持理性，要将所有的精力集中在某一项工作上，要让队员专注在自己最擅长的某一个项目上，这样才有机会在该领域内做出好成绩，也才有机会获得更大的发展空间。

我们需要明确一点，麦当劳一直都在做快餐，可口可乐一直都在卖饮料，惠普一直都在卖电脑，它们并没有依靠多元化的策略来占领世界市场，而是专注提升自己最擅长的业务，最终成长为市场上的巨无霸。

2. 改变依靠数量取胜的策略

企业为了提升生存的能力，为了获得更多的效益，会进行业务扩展，

而员工为了获得提拔和重用，也会努力做更多的工作，但做得多并不意味着做得好，并不意味着竞争力就强。团队负责人和管理者必须改变以数量取胜的传统观念，转而向精益化的角度进行考虑，凡事不要盲目扩大规模，也不要盲目追求数量，而要在执行过程中展示出更高的水平，以及更好的执行结果。

实际上，做出一千个低质量的产品，和做出一百万个低质量的产品，在本质上并没有太大的区别，这样的团队不可能因为做得更多而打造出一个高档品牌。只有坚持提升质量，不断改进自己的产品，在执行中努力完善自我，才能够真正实现跨越。

3. 努力超越上一次

企业想要发展，需要更多的进步，而这些进步需要具体细化到每一个工作的进程中，也就是说员工必须努力保证这一次的工作效率要比上一次的更高，必须保证这一次的工作状态要比上一次的更好，也必须保证这一次的工作质量要超越上一次。每一次的这种超越都会成为一种有效的积累，最终帮助员工不断强化自己的执行力。

华为公司的一个培训师曾经同我讲过一个故事。1992年，华为开始自主研发交换机和设备，当时的思科公司听到这个消息后，立即通过自己的情报网络，搜集到了华为交换机和设备图，但思科总裁连看也没看就将这些情报扔进了废纸篓，然后轻蔑地说："中国人玩玩花拳绣腿还是可以的，但要在高科技领域与我们竞争，至少还需要再努力100年。"

可是在随后的二十几年时间里，华为公司一点点改进自己的产品，提升自己的状态，不断突破原有的技术瓶颈，最终打破了西方企业的技术垄断，还成为新技术的代言人，最终也在通信设备制造的大战中脱颖而出，而华为人的执行力也开始让世人震惊。

4. 永远和那些最好的对手进行比较

"我已经做得很好了，因为我的工作效率已经超越了70%的人。"当员工说出这句话时，对于任何老板来说，都值得欣慰，不过这种对比并不是员工和老板真正应该在乎的事情，如果团队想要做得更好，那么无论是管理者还是成员，唯一能做的就是将目标放在那些行业内最优秀的竞争者身上。因为只有想办法接近甚至超越第一，才能够真正证明执行力的强大，才能够真正证明这是一个优秀的执行团队。

无论采取何种方式，对于一个团队而言，必须拿出一种好的态度：如果一个产品研发 5 年时间不出来，那就花 10 年、20 年的时间去做；如果一项技术不太完美，那就用一倍或者多倍的力量去完善；如果在某一方面做得还不错，那么就必须要做得越来越好。重要的是保持专注，这种专注度会让团队在某一个领域最终脱颖而出，也会带动团队执行力的提升。

8

应变力：冷静面对，快速反应

　　一个优秀的领导能够提供非常合理的计划和决策，能够指出非常好的方法，同时指出一些可能会遇到的问题，但是没有任何一种规划会是完美无缺的，再详细精密的计划也会存在漏洞，再完美的预判和防备工作也可能会百密一疏，总有一些细节会被遗漏掉。而一旦准备工作有了哪怕一丝漏洞，突然事件就可能会随时出现，这就要求执行者必须在脱离领导者的指导下，自己去面对和处理这些"意外"。

　　如果执行者认为老板、领导想好了所有的事，自己只要去做就行了，那么他无疑犯了一个很严重的错误。想要成为一个优秀的执行者，就需要拥有一定的思考能力、判断能力，以及对突发性事件和危机的处理能力。

　　这是执行者需要面对的问题。而对于一个团队来说，情况同样如此。尽管高层提供了非常好的行动方案，项目总指挥也可能制定了所谓的万全之策，但事情往往不会向着人们所想的方向去发展，团队在执行过程中还是非常容易出现一些意料之外的变化，这就要求团队必须在第一时间做出反应，并及时地想出应对的办法，以迎合突然发生的变动。

美国一家名为LK的通信公司，曾经为企业的组织结构感到烦恼，因为通信行业几乎是市场竞争最激烈的，也是所有行业中更新换代最快的，这种高频率的变动使得市场具备一定的不稳定性，企业也常常无法准确预知市场的最新动向，并做出及时的反应。此外，通信公司的流程通常比较复杂，所面临的内部工作比较多，这些都导致一些隐性的或突发性事件经常出现。

2012年，LK公司曾和美国一家电信巨头公司进行合作，在签约之前，公司便提前半年制订了完善的工作计划，可是随着市场的转向，电信公司突然决定更改合同内容，并且要求LK公司立即进行协调，改变原先制订的执行计划。但是对于一个已经做好准备且制订了详细工作规划的企业来说，内部工作已经很难调整，而最终的结果是LK公司失去了这个大订单。

当LK的董事长向我提出打造一个更加灵活的执行团队时，我突然想到了国内的华为公司。2010年，华为开始重新梳理业务部门，对设备、终端、软件服务等部门进行整改，将原先按照业务类型进行组织结构划分的方法，改成了按照客户和市场来划分，公司成立了面向企业、运营商、消费者及其他业务的部门，最终打造了一个矩阵机构。

在这个结构中，公司在横向上按照职能专业化原则设立区域组织，为业务单位提供支持、服务和监督，使各业务运营中心在区域平台上以客户为中心开展各自的经营活动。公司在纵向上则按照业务专业化原则设立四大业务运营中心，并分别设置经营管理团队，按照其对应客户需求的规律来确定相应的目标、考核以及管理运作机制。

这种变革将内部不同机构、不同职位以及不同人员紧密联系起来，打造成一个整体性的、纵横交错的网络，事业分工和专业职能分工开始有机结合起来，最终使得整个企业形成一个统一、合作的执行团队，这就是华为公司的矩阵结构。它有效缩短了决策链，因此使得各个部门变得更加灵活，它们可以更快地感知到各种环境因素的变化，而且还能够快速地应对运营管理中出现的各种不确定性问题，并且直接予以解决。

事实上，很多企业都在面对具有动态性、复杂性、敌对性等高度不确定性组织环境所带来的威胁，而华为在这方面所面临的压力更大，但是矩阵结构有效缓解了这些问题，使得团队的应变力和执行力得到很大的提高，因此，我觉得LK公司可以借鉴这种建队模式。而对方显然也采纳了这个建议，有意压缩了自己的组织结构，打造了更加灵活的业务平台和部门，虽然结构相对简单，但是最近几年的工作效率得到了明显提升。

结构上的变革有助于提升团队的应变能力，但在很多时候，应变力还体现出一个执行团队的执行素养。

首先，应变力实际上要求团队脱离过去那种唯命是从、只服从命令的做法，执行团队不再将所有的希望寄托在高层决策者身上，不再将自己定位成一个绝对服从的机器。执行团队必须拥有自主选择权和判断的能力，它在接受某个项目之后，需要做好充分的准备，需要对各种可能出现的情况尽可能进行考虑，同时保持专注和警惕，保持团队的弹性。一旦业务发生变动，或者出现一些未能预知到的问题，团队就能够迅速做出反应。

其次，一旦出现危机或者意料之外的变故，很多团队就会陷入慌乱和不知所措的境地，从而彻底失去抵抗力和解决问题的能力。一个合格的团队必须具备冷静的特质，遇事不慌乱，不盲目寻找方法，更不会退缩，而是冷静地进行分析，尽可能寻找最合适的解决方法。

最后，执行团队必须具备一定的灵活性，一旦出现危机，绝对不要盲目试探，也不要盲目退缩，而应该运用更加灵活的策略去应对，选择一些更有弹性的方法去解决，让自己始终保持在主动的位置上。

对于任何一个执行团队来说，工作都是有挑战的，危机几乎无处不在，而这些危机不仅仅需要决策者进行预测和防备，同时也需要执行团队自己去制定合理的对策。如果执行团队缺乏足够的防备意识，缺乏足够的应变能力，那么整个团队的工作可能会陷入困境。

第三章
先设计科学的目标：决定执行的成败

....

　　无论是在企业中，还是其他的组织机构中，所有的工作都必须有章可循、有迹可循，换句话说，它们必须依据具体的章程办事，同时还应该有一个明确的执行目标。因为无论做任何事情，团队首先要明确的就是做事的目标，而目标是引导行动的关键，也是证明行动所具备价值的前提。一个好的执行目标，往往能够决定企业能走多远，能够决定企业的执行力有多强，因此设计出更加出色、合理的执行目标，应该是每一个企业或者团队在推进自己的工作前所要完成的重要任务。

1

战略规划先于执行

前年,北京一家合资公司邀请我去公司参观,并希望我能给出一些中肯的建议。经过两个多小时的参观,我发现这个公司有一个很大的特色,那就是员工似乎都很努力,几乎每一个人都在埋头苦干。当我提起这一点时,负责接待和陪同我的一位副总经理得意地说:"我们公司基本上很少做什么规划,员工知道自己该做些什么。"

这句话一说出口,我就礼貌性地对着这位副总经理笑了笑,不再说话。回去之后,我给这家公司的老板打了一个电话,然后告诉他我对公司唯一的建议就是一定要做好规划,尤其是一些战略性的规划,制定相应的发展目标,最好是制定一个两年到五年的大目标,然后每一年都要对具体的业务做出计划。不过据我所知,这家公司并没有采纳这个建议,而在不久前,我听说这家公司由于管理混乱、经营不善而被人收购。

尽管这家公司并非完全是因为缺乏战略规划而衰落的,但是漫无目的的执行的确是造成企业混乱的一个重要因素,我专门让人查过这家公司的发展状况，发现至少有五个工程处于烂尾状态，这些因为一时兴起而启动的工程最终都无疾而终。

在我所接触的企业中，这并非个案，很多团队表面上看起来有股拼劲，员工也都非常努力，每天一大早坐到办公室后，就开始埋头苦干，但实际上很多员工根本不清楚自己在做什么，不清楚自己这样做的目的是什么，也不清楚自己需要做到哪一步。

这使我想起了一个故事，美国总统罗斯福在本宁顿学院念书期间，想要找一份工作，于是就让父亲帮忙进入美国无线电公司上班。当时公司的总裁萨尔洛夫问他想要找什么样的工作，罗斯福礼貌性地回复了一句："随便哪份工作都行！"结果萨尔洛夫非常严肃地说："年轻人，世界上没有一类工作叫'随便'，成功的道路是由目标铺成的。"

对于很多企业家来说，他们的思维仍旧停留在这样一种状态：把团队组建好，就要让员工知道该上班了；把机器安装好，员工就知道该生产产品；把样品放在那儿，员工就应该生产出成千上万件产品。在他们看来，办企业就是要开拓市场，就是要卖出更多的产品，因此员工就需要努力去生产产品、开拓市场，他们总是将执行当成唯一的工作，觉得老板的任务就是让下属去工作。

但在一个健康的团队中，团队的运作离不开两个部分，一个是制订计划，另一个就是执行计划，二者缺一不可，而且顺序也绝对不能颠倒。有句话说得非常好，"对于盲目的船来说，一切方向都是逆风的"，如果没有明确的规划，没有一个具体的目标，就盲目地开始执行任务，最终只会陷入混乱的状态。

在非洲草原上，当狮子追捕羚羊时，羚羊会本能地快速奔跑，可是当它们奔跑一段时间之后，往往就会失去方向感，不知道因为什么而逃跑，最终反而朝着狮子的方向跑去，而沦为猎食者的盘中餐。在企业中，羚羊效应同样存在，很多团队中存在那种积极的行动者，他们不喜欢浪费时间做什么计划,完全是快速的执行者,尽管做事情从来不拖沓,但很不幸的是,他们总是面临失败。因为缺乏系统的讨论,缺乏合理的规划,队员们并不了解自己所要做的事情,不清楚自己所要奋斗的方向,因此所有的执行最终往往会失去意义。

哈佛商学院曾经做过调查,发现27%的人,没有目标;60%的人,目标模糊;10%的人,有清晰但比较短期的目标;3%的人,有清晰且长期的目标。而在25年后,那些占3%的人几乎都成为社会各界的成功人士;那些占10%的有清晰短期目标者,生活状态稳步上升,在专业领域小有成就;占60%的目标模糊者,生活安稳,但是没有任何建树;剩下27%的人,大多生活在社会的底层,甚至没有固定的工作。可以说目标和计划让人们可以更加从容不迫地应对生活的挑战,而那些走一步看一步的人,最终成了最失意的执行者。

如果将这个社会性的问题缩放到企业或者某个团队中,可能问题会暴露得更加严重一些,缺乏战略规划和目标规划,会直接将企业的发展导向一个盲目的、低质量的运行状态,最终会导致整个团队失去市场竞争力和影响力。

所以对于团队的管理者来说,在安排员工执行任务的时候,应该制订一个完善、合理的规划。而这个规划不一定要多么高大上,也不一定要多么完美,只需要为员工的执行提供具体的指导就可以。一般情况下,企业的规划中必须要让每一个员工都能够在工作开始前弄清楚五个要点:做什么、如何做、做多少、在哪儿做、为什么做。因为只有把握好了这五个要点,他们才能更好地去执行任务,才能将企业和管理者的意志转化成具体的成果。

2

执行目标的 SMART 原则

  1954 年，美国管理学大师彼得·德鲁克在《管理实践》一书中第一次提到了"目标管理"这个概念，并在管理学上引起了一次不小的革命。毕竟在此之前，企业和个人习惯了依照自己的工作状态和进展来制定相应的目标，或者说干脆没有任何目标，而是采取边做边看的办法，但这种方式容易让企业的发展误入歧途，或者经常发生路线变动的情况。

  而德鲁克认为目标的提前确定可以有效引导企业的行动，可以规范和约束员工的行动，确保执行力的提升，因此他觉得一个企业有必要设定自己的目标，并加以科学的管理。不仅如此，德鲁克还提出了目标管理的 SMART 原则，并且沿用至今。

  尽管随着时代的发展，目标管理的理论越来越丰富，但是 SMART 原则仍然是一个通用的目标管理方法。我在帮助不同的企业组建团队时，常常也会强调 SMART 原则的重要性，因为这个原则在现代企业的发展过程中，仍旧没有过时。

SMART 目标管理拥有五个最基本的原则，分别是 Specific（具体明确）、Measurable（可度量）、Actionable（可实现）、Relevant（相关性）、Time-based（时间限定）。

1. Specific 具体明确

所谓"明确"就是要用具体的语言清楚地说明要达成的行为标准，对于任何一个成功的执行团队来说，拥有明确的目标是一个最基本的特点。很多企业和团队抱怨队员的执行力不强，很大一部分原因就是团队制定的目标模棱两可，缺乏一个明确的界限和要求，以至于下层的执行者很难准确理解和把握领导的意图，最终在执行过程中会出现动摇的情况。

比如很多企业会提出"增强服务客户的意识"的口号，表面上来看，这是一个非常不错的口号，可是对于执行者而言却很困惑，他们搞不清楚"增强服务客户的意识"究竟体现在哪个方面。因为提升服务速度、增加服务的次数、减少客户投诉的次数，以及多用礼貌用语来规范服务流程，这些都是增强服务意识的表现。那么公司的要求究竟体现在哪一个方面呢？这些往往不确定，员工自然也就难以准确执行下去。

实际上，一个明确的目标必须要有明确的项目、明确的衡量标准、完成措施、完成期限以及资源要求，这样执行者就可以弄清楚企业和团队最终要做些什么、做到何种程度。

2. Measurable 可度量

"可度量"指的是企业制定的目标有一个具体的可衡量的标准，企业应该有一组相对明确的数据，作为衡量是否完成目标的依据。一旦制定的目标没有办法衡量，那么就无法判断这个目标是否已经实现，也就无从判断员工是否执行到位。很多企业会出现类似的情况：领导还在想方设法弄清楚还有多长时间才能实现自己预期的目标，而员工却回答说目标早已经实现。这种分歧就是因为企业目标缺乏一个明确的衡量标准。

比如，很多企业会要求队员努力奋斗，争取将产量提高到接近外国先进企业的水平，但这个所谓的先进水平究竟处于哪一个层次上，执行者往往不得而知，这样就导致他们很难将自己的工作目标进行定位。如果上层的制定者能够提供一个具体的、可衡量的数据，产量提升15%，或者产量为1500万件，那么执行者在执行的过程中就会变得更加轻松一些。

所以无论在公司还是团队中，无论是制定目标的人还是执行的人，都必须有一个统一的、标准的、清晰的可度量的标尺。所有的目标必须用准确的数据来进行衡量，比如公司一个月要完成多少工作量、各部门和人员一个月的业绩考核要达到多少分、一个月要生产多少产品、每个月的质量检查要进行多少次，所有的工作都要有具体的数据要求。即便是客户满意度等比较抽象的问题，也可以通过公司内部的投诉次数和服务次数来反映。

3. Actionable 可实现

"可实现"是目标管理的一个最基本的要求，任何一个制定的目标都必须是可操作且可实现的，而不是那些不切合实际、完全脱离了实际能力的目标，毕竟从企业发展的角度来说，如果目标不能实现，它就没有任何实际的意义。而在现实生活中，老板通常会急功近利，强制要求员工做一些超出能力之外的工作，这种一厢情愿的做法很可能会引起执行者的反感和抵触，也会损伤员工的积极性和忠诚度。

我曾接触到很多"控制欲"特别强的企业家，无论何种情况下，他们都会向下属施压，让他们解决一些当前根本很难解决的问题，他们不太在乎下属的看法，而是以一种"你必须服从"的强硬态度来推进自己的管理工作，而这样做的结果往往不会太好。有些员工可能会在重压之下爆发出一定的能力，但多数情况下，会破坏企业的执行文化和执行体系，并让那些"超级目标"成为一个烂尾工程。

正因为如此，目标必须具备可实现性，必须被约束在执行者的能力范围之内，管理者必须明白自己的团队是跳起来摘桃子，而不是跳起来摘星星。盲目追求更高的目标，很可能到头来是一场空。

4. Relevant 相关性

目标的相关性是指实现此目标与其他目标的关联情况。简单来说，就是制定的任何一个目标都不应该保持独立，它必须和其他目标有所关联。而如果制定的目标与其他的目标完全不相关，或者关联程度很低，那么即便这个目标达到了，意义也不是很大。

比如老板要求员工学习英语，并且为其制定了考过英语六级的目标，而这个目标的提出绝对不能仅仅是为了让员工学习，而是为了将来可以派往国外开发市场，因此英语六级的目标其实是和开发国外市场的目标相关联的，如果没有了开发国际市场的需求，那么考过英语六级就没有太多的现实意义。因此任何一个目标的制定和执行，必须是为了让其他目标更好地执行下去，这种关联性是管理者必须重点进行考虑的。

5. Time-based 时间限定

目标需要去实现，但是什么时候才能实现呢？这是每个企业、每个员工都要面对的问题，对目标进行时间上的限定就是实现目标的一个约束和规范条件。如果把时间限制放开，那么就无所谓轻重缓急，无所谓长远目标和短期目标，那么企业的发展也会因为缺乏约束力而陷入拖延和散漫的状态中。

因此对于企业和团队来说，目标设置必须具有时间限制，要根据工作任务的权重、事情的轻重缓急，拟定出完成目标项目的具体时间，并且一定要定期检查项目的完成进度，及时掌握项目进展的变化情况，从而将所有的工作牢牢掌控起来，并给予员工必要的指导。

对于任何一个企业和团队来说，都要注重这五个目标管理的原则，并且将它们统一起来，这样才能有效保证员工在执行的过程中准确地把握好执行的力度，掌控好执行的节奏，并有效保障自己的执行力。

3

永远不要同时追求两个目标

启蒙思想家孟德斯鸠说:"当有一个想法时,我立刻就想要去动手;当有了第二个想法时,我觉得自己还可以考虑考虑;当想到第三个点子时,我觉得自己应该更加谨慎一些;当我想到第100条时,我已经没办法去做任何事了。"

当一个人想要得到的东西越多、设定的目标越多时,执行力往往也就越低,因为过多的目标会分散个人的注意力,会让整个工作状态变得更加难以捉摸。现如今,有很多企业觉得生存非常艰难,所以会想方设法设定更多的发展路线和目标,但事实上,正因为如此,企业的发展反而会陷入更大的困境之中。当一个企业既想着做电子产品,又想着做房地产,还想着做影视行业,结果到最后可能没有一样工作会做得出色。过多的目标不仅会分散精力,还会让执行者处于摇摆不定的状态。

美国著名的得州仪器公司有一句知名的口号:"写出两个以上的目标就等于没有目标。"这句话已经被奉为圭臬,但真正实行起来,往往还是非常困难。一方面是因为企业家们往往急功近利，渴望获得更多的赢利机会；另一方面则是因为企业的发展缺乏重心，喜欢盲目扩张。这两种情形都可能会对企业长远的发展造成不利影响，也会对企业的执行文化造成强大的冲击。

> 1982年可口可乐收购了哥伦比亚电影公司，这件事成了当年最大的新闻，外界舆论普遍认为可口可乐将会在饮料市场和电影市场双管齐下，毕竟在百事可乐强大的冲击力面前，可口可乐必须弥补业务量严重下滑带来的利润损失。当时可口可乐公司内部也产生动摇，觉得公司的战略会出现重大失误，好在可口可乐并没有将重点放在电影上，它收购电影公司的最终目的是打造一个宣传可口可乐饮料的平台，并让可口可乐融入更多的娱乐元素，可以说这是一项完美的营销策略。十年之后，达到目的的可口可乐公司果断卖掉了哥伦比亚电影公司，而由于没有主攻电影市场，可口可乐最终存活下来，至今仍然是饮料界的巨无霸。

可口可乐的案例成了很多企业都在探讨的话题，试想一下，如果可口可乐公司当年真的将电影当成主营业务，并且像外界盛传的那样，公司有意开拓更大的电影市场，那么会发生什么呢？也许它真的会在电影市场有一定的成绩，也许可口可乐公司仍旧在卖饮料，但很有可能它不会变得那样成功，不会成为饮料界独一无二的传奇。

一个好的企业，它一次只会做一件事，而不会同时将好几项工作背负在自己身上。卡耐基说过："一个企业一旦精力分散，那么无须面对外界的竞争，它自己首先就可能会解体。"因此如果一个企业希望保持一个正确的发展方向，需要保持一个相对均衡的发展态势，就要打造一支好的执行团队，而首先就需要拥有一个更加专注的目标，需要将自己的注意力聚焦在某一个点上。

1. 统一内部的目标

当企业出现多个目标的时候，往往是因为各个部门各自为政，分别为自己制定了不同的目标，而这样做无疑会对团队配合产生破坏，也会对企业的发展进程造成伤害。因此管理者必须统一进程、统一目标，让所有的部门都做好内部的协调沟通工作，配合起来做好一件事，为同一个目标服务。

2. 保持专注和理性的工作状态

优秀的企业不会因为自身的发展而产生膨胀心理，它们会谨慎对待每一个任务，绝对不会贸然地将注意力扩展到其他目标上面。很多企业觉得自己实力强大、资金雄厚，有能力同时发展多个目标，有能力同时完成好几件事情，但是完成并不意味着将工作做到足够出色，与其浪费财力和精力去做其他事情，不如集中所有的力量去做好自己的本职工作。

在过去，有很多跨国公司，甚至是垄断企业都是被过多的生产线和过多的目标给拖垮的，由于雄心过度膨胀，导致它们在发展的道路上盲目扩张，最终分散了精力，并稀释了竞争力。因此，企业的负责人和团队的管理者必须要保持足够的专注和理性，不能被眼前的利益所诱惑，不能因为自己的实力而麻痹大意。

3. 错开各个目标的时间

企业具有不同的目标往往很正常，毕竟任何一个企业都是为了赢利而存在的，只要存在赢利的机会，它们都不会放过。但是拥有多个目标并不意味着要同时去追求多个目标。如果企业足够明智，就应该将不同的目标按照轻重缓急设定在不同的时间档上，先完成某个目标，再主攻另一个目标，这才是低成本、高效益的选择模式。一旦将所有的事情集中在同一个时间段来做，很有可能会带来更多的压力和麻烦，最终往往会什么事情也做不好。

而最关键的一个问题在于，企业必须有自知之明，管理者在面对各种不同目标的强大诱惑时，需要弄清楚：自己是否已经能够将这件事做好，是否已经在这个领域成为绝对的权威，拥有绝对的竞争力；是否有足够的把握将另外一件事做得同样出色，或者比绝大多数竞争对手要更加出色。另外，管理者必须进行合理的预判，一旦自己分散精力做其他的事情，自己潜在的对手会不会一举超越自己，如果对这些问题有足够深入的思考，那么就不会轻易同时去追求第二、第三个目标。

4

团队要保持目标共识

在谈到执行力的时候，大家常常会引用这句话："如果你想要造一艘船，先不要雇人去收集木头，也不要分配任务，而是去激发他们对海洋的渴望。"这句话不外乎这么两层意思：一是利用兴趣来激发他人的生产力和积极性，二是利用对目标及愿景的共识来达成团队内部一致的行动力。

对于一个企业来说，要想拥有良好的团队，想要整个团队拥有良好的执行力，就需要与团队成员达成更广泛的共识，为所有人指明一个相对明确的目标，这样才能够保障团队成员会"心甘情愿"地去执行某项计划或事项。

从执行效果的角度来看，保持目标的一致性非常重要，这直接决定了团队内部行动的统一与协调，对于目标的实现起着至关重要的作用。阿里巴巴的创始人马云曾经说过："如何让每个人的才华真正地发挥作用，我们就像拉车，如果有的人往这儿拉，有的人往那儿拉，自己就先乱掉了。当你有一个傻瓜时，很傻的，你会很痛苦；你有50个傻瓜是最幸福的，吃饭、睡觉、上厕所排着队去的；你有一个聪明人时很带劲，你有50个聪明人实际上是最痛苦的，谁都不服谁。我在公司里的作用就像水泥，把许多优秀的人才黏合起来，使他们力气往一个地方使。"

  如何将更多人凝聚起来，往往是企业家需要解决的问题，这种凝聚力离不开良好的团队文化，但是另一方面，企业也需要统一目标，让所有的部门、所有的人员为同一个目标而奋斗。通常情况下，很多新成立的公司，由于缺乏明确的规划，管理上也不到位，因此企业的生产发展活动往往处于一个非常混乱的状态，比如很多部门会重复做某一项工作，要不然就是脱离公司的指示，各自做一些毫无关联的工作，这样就会造成目标的混乱和分裂，从而影响企业的发展。

  想要打造一个优秀的执行团队，必须懂得在内部制订一个共同的目标，并时刻向员工强化这种意识。很多欧美公司非常注重培养员工的共识，在制定目标和执行目标的过程中，几乎每天都会多次向员工重申公司的立场、目标，会千方百计让员工记住一点：所有人都是在为公司上班，都在为公司的大目标而努力。我在香港曾经接触一家中外合资的企业，公司的董事长李先生，每天都让人给员工分发一张小卡片，上面写着公司这个月要完成的目标，尽管公司内部不同部门的员工所做的工作不相同，但是目标还是统一的，而公司就是希望通过不间断的提醒来保持团队目标的统一性。

  对于其他团队而言，并不一定要采取时刻警示的方法，但是在保持目标共识的时候，还是应该在团队的统一性方面多做文章：

1. 尊重每一个员工

  在团队中，不同的员工往往会有不同的能力和特点，管理者应该尊重每一个人，而不是片面地看重少部分的几个人，或者要求所有人都按照某一个模板行事。尊重员工有助于激发他们的创造性与积极性，他们会更加愿意接受统一的管理，会更加愿意联合起来为同一个目标而奋斗。而有些员工之所以不顾及团队目标，反而处处以个人目标为重，很大一部分原因就是对团队管理失去了信心，对企业的归属感不强，从而变得更加自私和自我。

2. 及时做好内部的沟通

很多团队会发现，一开始大家都能向着同一个方向努力，可是随着工作进程的推进，员工之间的分歧会越来越大，目标也会渐渐分化，其实原因就在于执行过程中，企业缺乏统一的管理，内部的交流工作做得不到位，以至于员工常常按照自己的方式越走越偏。因此，团队在制定共同的目标之后，一定要做好内部的监督和沟通工作，要及时了解情况，让所有的员工相互靠拢，不要产生太大的偏离，从而保障所有人能够在同一个方向上前进。

3. 高度统一的协作体系

管理者想要打造一个高度统一的目标，那么首先就要懂得在团队内部打造一个高度统一的协作体系，也就是说员工之间必须存在充分的默契与合作意识，各项制度也必须充分保证团队的协作方式，只有整个团队处于分工合作状态，企业的目标才有可能会达成统一，一旦缺乏默契，那么最终的执行方式就会偏离预定的轨道，导致所有的工作变成一盘散沙。就像足球比赛一样，如果所有的球员都无法完成有效的配合，那么所谓的"进球"就了空谈。因此，实现统一的目标，前提就是内部合作要到位。

4. 剔除那些不服从调度的人

统一的目标下，通常就是统一的命令、统一的安排以及统一的方向，如果有员工不服从命令，不认可团队的规定和安排，管理者就需要及时将其开除出去，以免对方成为破坏团队稳定的不利因素。对于一个团队来说，统一性、协调性往往非常重要，为了确保所有人都能够形成共同的目标，企业需要确保所有人都能够接受调度和安排，都能够接受团队的文化。

一个优秀的执行团队，必须拥有自己的共同目标，而队员之间也需要有效地沟通和协调，从而实现内部的统一。如果队员都只做自己的工作，只对自己感兴趣的工作负责，那么所有的工作都可能会陷入混乱无序的状态。只有保持目标共识，将所有人统一在某一个目标下，并各自执行任务，才能真正实现发展的目标。

5

适当设定难度更大的目标

大约在七年前，在美国南加州大学参加某次讲座的时候，我和一位中国籍的教授谈到了一个非常有趣的话题：一个企业究竟是为员工设定相对容易的目标好，还是设定难度相对较大的目标好。在我看来，肯定是目标简单容易一些更好，因为更容易实现的目标对于员工来说，往往意味着更小的压力，他们也乐于从中寻找更多的自信。

但教授却提出了相反的观点，他认为难度更大的目标更有助于提升企业的执行力，因为按照他的理解，目标应该是引起行为的最直接的动机，设置合适的目标会使人产生想达到该目标的成就需要，因而对人具有强烈的激励作用。从这个角度来说，重视并尽可能设置合适的目标是激发动机的重要过程，而难度较大的目标正好能够起到更大的激励作用。

我曾对100多家中小企业做过调查，发现一个普遍的问题：当公司制定的目标越简单的时候，当上级下达的任务越容易的时候，反而完成的效果越差。原因就在于多数人在容易的目标面前会显得粗心大意，而且不那么在乎，以至于常常将力所能及的事情搞砸，这一点的确出乎我的意料。

后来，我接触到了美国马里兰大学管理学兼心理学教授洛克在1967年提出的"目标设定理论"，突然意识到那位中国籍教授的想法是正确的。在"目标设定理论"中，洛克认为目标本身就具有激励作用，而且能够把人的需要转变为动机，使人为某件事而不断努力，并将自己的行为结果与既定的目标进行对照，及时予以调整，从而真正实现目标。

这种将需要转化为动机，再由动机支配行动以达到目标的过程就是典型的目标激励，而激励力度的大小往往和目标的高度有关。洛克认为一个好的目标，应该在力所能及的范围之内尽量设定得更高一些，难度更大的目标更容易激发员工的挑战意识，使得他们愿意投入更多的努力。

1. 在保守估计的基础上增加难度系数

对于一个成熟的团队来说，他们必须对自身的能力有一个基本的认识，而且在制订计划和目标的时候，也一定会有一个相对准确的预估。这种预估通常都会保持在一个相对保守的程度，也就是说，只要不出现什么意外，员工不费太大力气，就可以实现相应的目标。不过想要成为一个更具实力的执行团队，就需要适当激发员工的潜力，将这个保守的目标提升一两个档次，将新的目标定位在可以实现但并不是轻易就能够实现的水平上。这样可以给予员工更大的压力，也能够激发他们挑战的欲望。通常在这样的情况下，员工会在工作中表现得更好，对于执行目标的专注度也会更高。

2. 多设定一些短期目标和中期目标

如果想要让员工感受到更多的压力，想要提升他们工作的难度系数，那么最好的办法就是多设定一些短期目标或中期目标，因为目标设定的时间越短，往往越难以完成，而这恰恰是提升挑战难度的一个重要方式。比如，企业要求员工在一年内完成生产15万件产品的任务，比要求员工在十年之内抢占市场前三的位置更加具有紧迫感。时间越长，难度就越容易被稀释，至少员工在心理上会更加容易出现放松的情况。设定更多的短期目标和长期目标，能够有效提升员工的专注度和执行意识。

3. 加大激励的力度来提升执行者的积极性

无论是企业还是团队，在制定目标的时候，不能千篇一律地将其定义为高层的工作任务，其实合理的目标还需要结合下层执行者的能力和意愿。因此，如果企业想要制定更高的目标，就需要激发执行者更大的动力，而物质奖励和精神激励是不可或缺的方式，通过行之有效的激励，企业往往可以让执行者保持更大的热情。

4. 选择有能力且喜欢挑战的执行者

一个好的目标，还需要一个好的执行者来完成。对企业来说，制定更高的目标也就意味着更大的风险，因此在选择执行者方面，一定要谨慎行事，不仅要对执行者的硬实力有足够的要求，同时还要注意执行者的心理素质，看看他们是否具有冒险精神和挑战意识，是不是具备足够的上进心。在一个好的团队中，执行者往往会对自己提出更高的标准和要求，而这也应该是团队管理者挑选队员的一个原则。

当然，为了确保能够实现更高的目标，为了确保执行的力度，在执行的过程中，企业一定要做好定期的反馈，以便及时了解执行者在接近目标的道路上究竟走了多远，这种反馈机制可以督促员工更好地执行自己的任务，并时刻保持高水平的工作状态。此外，一旦没能完成那些高难度的目标，不要气馁，也不要随便替自己找借口，最好的方式还是诚实地面对一切，这样才会在下一次执行任务的时候，表现出更好的状态。

6

短期、中期、长期目标一个都不能少

企业制定执行目标有助于确保其不陷入盲目发展的境地，也能够有效提升企业的积极性，不过目标的设置同样有很多讲究，其中最基本的一点，就是要了解清楚什么是短期目标、什么是中期目标、什么是长期目标，这三种不同的目标拥有不同的属性，而且对于企业的发展也会有不同的作用与影响。

而如果企业希望打造一个出色的执行团队，就需要分别制定短期、中期和长期目标，因为企业始终是需要向前发展的，环境也会不断变化，企业从起步、发展到量的增长以及规模的扩大，这些都要求目标设置具有更加丰富的层次。很多企业管理者会对内部下达指令："四年以内成为行业内前五。"这个目标看起来很有魄力，而且也有可能真的有机会去实现，但企业究竟该如何一步步去接近这个目标呢？这往往让人感到困惑。

就像我们经常开车去某个遥远的地方一样，如果只给我们一个地名或者大致的方向，很可能多数人都会走弯路，都会走错路，甚至根本找不到地方。正确的方式，就是沿途设置一些小的目的地，这些小目的地可以作为一种有效的指引。

企业往往也是如此。企业家们一出口就是各种伟大的计划、伟大的目标，但时间跨度过大的话可能会让目标的指引功能受到限制，因此最简单的方式就是沿途设置一些中短期目标，明确地给所有人下达指令：半年之内、一年之内要做到什么，三年之内要做到什么。这种目标的切割方式通常会让模糊不清的大目标显得更加具体，也会在不断实现小目标的过程中让大目标变得更加切实可行。

反过来说，很多小企业只看重短期目标，要求员工这个月必须完成什么工作、这个季度需要完成什么工作，而缺乏更长远的打算。这样会限制企业的视野和发展空间，使得企业缺乏足够的大局观以及战略生存空间。

正因为如此，企业在设定执行目标的时候，一定要将短期行为和长期规划结合起来，要确保短期、中期、长期目标一个也不能少，而这些目标的设定与企业的发展进程息息相关。

1. 短期目标

短期目标通常是指时间在一年至两年内的目标，是中期和长期目标的具体化、现实化和可操作化，是最清楚的目标。

短期目标通常具有以下特性：

- 可操作性；
- 明确规定具体的完成时间；
- 对现实目标有把握；
- 服从于更高层级的目标；
- 目标可能是自己选择的，也可能是企业或上级安排的、被动接受的；
- 目标需要适应环境；
- 目标要切合实际。

正因为如此，短期目标和短期计划的存在能够有效保证管理者以及工作者不会冒进，不会采取大跃进的姿态。通过各个短期目标的设置，往往可以更为直观地看待企业和个人的发展，可以预测出发展的基本趋势和规律。同时，由于小目标更容易实现，反而降低了执行过程中的压力，从而确保执行者可以专注地做好自己的工作。

有人曾经问通用电气集团的老总杰克·韦尔奇该如何让通用电气走向世界，韦尔奇笑着说："也许我们会从马萨诸塞州开始。"在韦尔奇看来，短期目标就是一个基础，只有打好这个基础，企业才能走得更远。

2. 中期目标

中期目标是指在一定的目标体系中受长期目标所制约的子目标，是完成长期目标的一种中介目标。中期目标的时间限度稍微长一些，一般为三年到五年。

中期目标具有以下几个特征：

● 通常与长期目标保持一致；

● 是结合自己的志愿和企业的环境及要求来制定的目标；

● 用明确的语言来定量说明；

● 对目标实现的可能性做出评估；

● 有比较明确的时间，且可做适当的调整；

● 基本符合自己的价值观，充满信心，愿意公布于众。

一般而言，中期目标是一个过渡性的目标或者说是中介目标，短期目标的时间太短，对于未来的发展趋势不具备什么指导价值。而长期目标的时间显得太长，员工很容易在具体的实践中失去对方向的明确把握，也容易因为目标太遥远而失去信心。这个时候，中期目标的设置就显得尤为重要，它的主要作用就是在短期和长期目标之间牵线搭桥，实现完美的过渡，对企业的持续发展和不断扩张有着重要作用。

3. 长期目标

长期目标是指五年以上的目标，它是指企业通过实施特定战略所期望的结果。长期目标与战略的时间跨度应当保持一致,内容指标则包括:资产增长、销售增长、赢利性、市场份额、多元化经营的程度和性质、纵向一体化的程度和性质、每股收益、社会责任。

很多人觉得企业的长期目标是高层的重点工作,但实际上企业的各个层次都需要长期目标,包括公司总部、各事业部、各分公司和各职能部门,每一个层级部门都需要拥有自己战略级别的目标,以此来引导自己未来数年内的发展。

长期目标的质量衡量具有以下特性:

● 适合性

企业中的每一个长期目标应该是企业宗旨的具体体现,违背企业宗旨的目标往往只会损害企业自身的利益。

● 可度量性

企业在制定长期目标时,要尽可能明确具体地规定目标的内容及实现目标的时间进度。

● 合意性

即所制定的目标要适合企业管理人员的期望和偏好,使他们便于接受和完成。

● 易懂性

企业各层次的战略管理人员都必须清楚地理解他们所要实现的目标,必须了解评价目标效益的主要标准。

● 激励性

企业长期目标要有一定的挑战性,激励人们去完成。

● 灵活性

当经营环境出现意外的变化时,企业应能适时调整其目标。

长期目标就像是一个发展的大纲,是一个总的方向和目标,作为战略级别的目标,长期目标实际上就是企业发展的灯塔,就是执行团队执行的潜在动力。相比于短期目标和中期目标，长期目标的引导性更强，对企业的发展往往会产生根本性的影响，而且它往往决定了企业发展的上限，决定了执行团队执行力的上限。

对于任何一个执行团队来说，都需要制定自己的短期、中期和长期目标，然后将三种目标有效结合起来，这样才能真正让所有的工作有节奏、有规律地推进，才能确保执行工作的合理有序。

7

将目标变成现实的步骤

当确定一个合理科学的目标之后,如何将目标变成现实,或者说具体应该如何去执行目标中所要求的任务,这是很多企业最关心的问题。毕竟企业制定目标不是为了单纯地完成一项规划任务,而是为了将其具体地施展开来,目标存在的最终目的就是付诸实施,并产生预期的价值。如果企业制定目标:"两年之内,公司要挣到 100 万元",那么这个 100 万元绝对不会是一个数字化的口号,而是一个两年之内必须做到的事情,也就是说,在第二年年底,公司的盈利必须达到或者突破 100 万元。

那么如何才能更好地将这 100 万元进行变现?如何才能将这些目标变成具体的执行步骤?如何才能将这些愿望变成具体的财富呢?著名的成功学家拿破仑·希尔曾经提出了实现目标的六个步骤:

①在你的心里,必须确定所期望的赚钱数目,仅仅说我需要很多钱是不够的,必须决定钱的数目。

②确确实实地决定,你要以什么来换取你所需要的钱,世界上没有不

付代价而能获取的东西。

③规定一个日期，一定要在这日期之前把你所期望的钱赚到手。

④拟订一个实现你的目标的计划，立刻着手进行，不论你是否准备妥当，一定要把这个计划付诸行动。

⑤把你想获得金钱的数目列一张简明的清单，附上赚到手的期限，以及为赚到这些钱所需要的条件，把计划中你如何聚集这些钱的过程叙述清楚。

⑥每天早晚两次大声朗读你的计划内容，当你朗诵时，你必须看到、感觉到，并相信你一定能实现目标。

在这六个步骤中，他提到了具体的目标、具体的期限、执行的力度、执行的条件、执行的态度，通过这些来打通目标与现实的界限，拉近现实与愿望的距离。因此在很多时候，团队管理者都会将这些步骤当成一种典型的实践方式。

而在现实当中，企业也完全可以按照自己的实际情况和意愿，来制定合适的执行策略和执行步骤，然后有顺序地推进自己的工作，有节奏地控制好所有的流程，一步步向目标靠近。

1. 保持目标的明确性与合理性

一个目标是否值得付诸实施，或者说可不可以直接付诸实施，关键还是要看这个目标是否合理，是否有着明确的指向性，只有满足这两个条件，目标的实施才有可能，也才有意义。因此团队在制定目标之后，不要急于让下边的人去执行，而应该检查一下这些目标是不是足够科学合理，从而做好充分的准备。

2. 设置长期和短期目标

任何一个目标的实现都需要按照步骤来执行，而这种执行步骤首先就体现在对目标的划分上，大的目标通常太遥远，因此最佳的方式就是将目标层层分解，让其变得更具可行性，毕竟小目标在操作上更加简单轻松。

因此管理者可以对所要达到的目标进行适当的分解和划分,以此来增加执行的力度。

①制定一个总体目标。

②制定长期目标,也就是你计划用 10 年做到的事情。

③设定中期目标,说出企业计划在 5~10 年内做的事情。

④设置好短期目标,明确 1~5 年内计划做的事情。

⑤做好日常规划,将每日、每周、每月的任务进行合理分配和计划。

3. 选择最佳的执行者

好的目标、好的规划,往往离不开好的执行者,为了确保顺利完成工作,实现最终的目标,企业管理者需要经过认真筛选,选择最佳的执行者来接受任务,这样可以有效降低风险,提升执行的效率和成功率。通常来说,有责任心的执行者、有耐心的执行者、具有团队意识的执行者更应该受到青睐,他们在执行任务的过程中往往会更加负责,也更具效率。

4. 为执行者创造更好的条件

管理者不能因为将任务交给了执行者,就觉得实现目标应该是执行者的工作,是执行者应该担负的责任。为了确保目标的实现,管理者需要随时配合执行者的工作,并予以必要的支持和帮助,毕竟没有任何工作会是一帆风顺的,也没有任何人会觉得目标一定会实现。为了应对潜在的可能出现的问题,管理者必须想尽一切办法来为执行者创造更好的条件。

5. 跟踪和监督执行的过程

在制定目标和具体的规划之后,为了确保所有的行动都能够按照计划行事,管理者需要及时进行跟踪和监督,确保所有的流程不会偏离预定的轨道。此外,监督也会让管理者了解到规划中可能存在的各种问题,从而方便及时改进,以确保政策的合理性与科学性,这也会帮助执行者更好地实现目标。

6. 不断宣传和强化目标

越接近目标，往往执行的难度越大，执行者所要经受的考验也越大，为了避免执行者在重压之下迷失方向，或者失去动力，管理者需要扮演激励者的角色，不断宣传企业的文化，并强化目标的存在，以便提醒执行者去完成接下来的工作。俗话说"行百里者半九十"，很多执行者往往就是因为无法坚持到最后一分钟，才会遗憾地退出，而这无论是对企业还是个人来说，都是很大的损失。为了避免这类情况的出现，管理者必须给执行者注入更大的精神力量。

通过前期的准备与中期的监督、修正和强化，企业能够有效确保执行者按照管理者的意志行事，同时确保所有的规划能够更加贴近现实，因此，管理者完全可以按照这些步骤来实现自己的目标。

第四章

设计合理的制度和规则：
制度是保障

在一个团队中，管理者需要对执行者进行合理的管理。这种管理不仅仅是一种口头上的交代，不仅仅是一种人与人之间的互动，队员们做什么以及怎么去做，这些都需要借助制度来加以规范，可以说好的执行力是需要制度和规则进行保障的。因此对于团队来说，它在完善自己的结构体系时，需要强化制度的管理，需要设计出更为合理的、科学的制度，包括员工的日常管理制度、团队的绩效考核制度、队员的内部竞争机制、培训制度等。只有完善自己的制度和规则，团队的执行力才能够得到更进一步的保障。

1

增加员工不作为的成本

很多企业家和管理者都存在"人才不好找,干脆睁一只眼闭一只眼"的想法,认为在行业普遍不景气的情况下,想要招到非常优秀的员工非常困难,于是慢慢降低管理的力度,对于有一些能力的员工,尽量给予必要的关照,即便对方常常难以做出让自己满意的成绩,或者在工作当中经常偷懒犯错,也选择性地进行忽视。

这种纵容的背后虽然隐藏了企业家的一些苦衷,但实际上也显示出企业家在管理上的无能和落后。虽然企业坚持"以人为本"的方针并没有错误,但是"以人为本""以人才为本"并不意味着可以肆意纵容员工不合理的行为。企业永远都是将利益放在第一位的,如果员工不能带来更多的利益,不能产生更大的价值,那么对企业来说就是一个错误的存在,企业没有必要将其当成人才来对待,哪怕他真的有很大的才能。

在一个企业或团队中,员工应该保持自觉,要努力想方设法证明自己的实力;而对于管理者来说,同样需要制定各种严格的制度来约束员工的行为。其中很重要的一点就是，既要想办法激励员工做得更多更好，同时也要想办法提升员工不作为的成本。所谓提升不作为的成本，其实指的就是对那些不想完成任务、随随便便应付了事，或者工作做得不到位的执行者进行相对严厉的惩罚。

出于对人才的重视，出于对团队的保护，很多企业管理者不愿意惩罚自己的员工，或者说惩罚的成本太低，但这种行为只会让事情变得更加糟糕，员工在整个管理体系中可能会失控，管理者和企业家最终会被员工牵着鼻子走，整个企业的管理体系也存在崩塌的危险。因此，企业必须改变自己的管理态度，必须对执行者制定更为严格的管理措施，通过更为严格、合理的制度来约束执行者的行为，通过各种制度来衡量执行者的价值。

从某些方面来说，企业管理者有必要让执行者感受到压力，要让他们明白一点，如果自己的工作做得还不错，将会得到更多的奖励和尊重，而一旦把工作搞砸了，或者缺乏最基本的责任心，就会遭到严厉的惩罚。适当增加犯错的成本，会有效绷紧执行者的神经，并提升他们在工作中的投入度。

在很多管理制度比较完善的企业中，企业对于执行者的要求非常严格，而且制定了非常完善的规章制度和绩效考核制度，一旦员工触犯或违反了规则，一旦员工没有按照正常的要求执行任务，或者执行任务的结果不尽如人意，就往往会遭到惩罚。在每一个月、每一年的绩效考核中，总是会有一些表现不良的员工被迫离开职位，有一些直接被开除出去。这类企业看起来非常冷血，缺乏人情味，但实际上它们的执行力往往会是最强的，员工几乎不会轻易违背上级的命令，而是兢兢业业地完成所有的工作。

现代商业竞争环境下的团队，同样需要注入这种冷酷的管理特质，而管理者主要从两个方面入手：第一个是对纪律的遵守，第二个就是对结果的负责。

遵守纪律，按照规章制度办事，应该是一个执行者最基本的素质体现，也是企业对执行者最低的要求。无论能力是否出众，无论价值是大是小，企业最终选择的是那些能够坚决服从内部管理的员工。而这种服从首先应该体现在对纪律的尊重上。因此企业需要制定合理的规章制度，并让执行者严格贯彻执行下去，一旦发现执行者违背纪律，做出一些破坏规则的事情，管理者就需要及时出手干预，并予以重罚，以此来帮助他们重塑纪律性。

另外一点也是最重要的，企业需要制定非常完善的绩效考核制度，并强化这些制度的约束力，一旦员工没能达到目标，或者没有达到某个工作标准，就会受到降级处理，或者扣除奖金和部分工资。绩效考核的方法会将员工的利益所得和自身所执行的任务直接挂钩，从而确保执行者不会轻易在工作中放松和纵容自己。

绝大多数企业都制定了奖惩制度和绩效考核制度，但是由于那些制度不够完善，企业在具体落实这些制度时，往往存在很大的问题。而且由于管理不够严格，很多制度几乎成了一种摆设，无法真正形成有效的约束力。因此，关键还是要加大力度来落实各种激励和惩罚措施，强化相关的管理工作和考核标准，从而有效保障制度的约束力。

有位管理学家曾经这样说过："一个好的企业不应该是健忘的，它既要记住那些做出很大贡献的优秀员工，也要记住那些毫无作为的人。"记住优秀的员工，是为了给予更多的奖励和激励，从而激发出他们身上更大的能量，并以此为榜样来引导更多的员工。而记住一事无成的员工，是为了及时给予惩罚，让他们真正了解到"价值决定待遇""投入决定报酬"的基本原则。

一个好的企业必须明确自己的法度，一个好的团队必须拥有严格的规则，从本质上来说，严格的制度就代表了最严格的执行力。如果企业和团队对于制度的落实很放松，那么队员在执行的过程中也会慢慢失去最基本的敬畏之心。

2

合理的薪酬:"这些钱值得别人去做多少事"

著名的管理学家劳伦斯·彼得曾经对成百上千个企业组织进行调查,发现了一个非常有趣的现象:组织中的多数人往往都不能胜任现有的工作,他们通常都容易在自己的职位上遭受失败。经过仔细的研究,彼得最终推断出一个重要的结论:在一个等级制度中,每个职工都趋向于上升到他所不能胜任的职位。

换句话说,每一个职工由于在原有职位上工作成绩表现好(胜任),不久之后就会被提升到更高一级职位;随着他不断胜任、不断提升,最终会被组织提拔到一个自己无法胜任的职位上。按照这种理论和推断,任何一个岗位都将会被不能胜任的员工所占据,而这个岗位上的工作任务多半是由那些尚未达到胜任阶层的员工来完成的。

这就是心理学上著名的彼得原理,该原理最常出现在企业中,很多无能的人常常被提拔到更高的位置上,而且享受着更高的权力和薪水。但是企业的管理者却很少去想,如果将这份工资交给其他人,他们会不会做出更多的工作,会不会做得更好,也不会去想现在的这份高工资与现有的工作量是否合拍。

彼得原理指出了企业中一些非常不合理的分配制度,而且这种现象往往会对企业中相对公平的分配体系造成冲击,因此彼得原理从某些方面来说,其实更多的是在探讨薪酬的合理性问题。也就是说,当企业付给员工高工资时,必须弄清楚这个员工所产生的价值是否配得上这份高工资。或者也可以反过来说,依据员工所做的工作,他最应该拿到多少钱。

这里涉及分配的问题,而在不同的企业中,分配制度往往有所不同,有的企业按照职位来划分,有的企业按劳分配,有的企业按照工龄来计算,不同的分配方式往往也代表了不同的管理立场。但对于一个团队来说,如果想要说服队员,想要保障自身的执行力,那么一定要做到公平合理。

而最公平的分配方式还是按劳分配,按照每一个员工的具体价值和能力进行分配,只要员工有能力做得更多更好,就有理由获得更多的报酬,而且企业管理者也可以将这个方法当成一种有效的激励手段。这种分配和激励手段可以从两个方面来研究:

1. 通过员工的能力和价值来评估薪酬

简单来说,企业付出的薪水是建立在员工具体的工作能力以及所能够创造的价值的基础上的。比如,这个员工能够完成月销量突破100万元的工作,那么企业就可以适当地按照比例给他开出月薪2万元的薪水,并给予适当的奖金。或者说当年底的时候,该员工完成了年销售额突破1000万元的工作量,企业可以按照这个业绩,给予相匹配的报酬。

无论是哪一种方法,实际上都体现出了薪水与价值的匹配,这是一种典型的按劳分配原则:你做了多少工作或者能够创造多少价值,就该拿到多少薪水。这种相互匹配的报价,能够有效保障执行者的利益,从而提升他们工作的积极性。如果企业对员工的能力和价值视而不见,始终以低薪水敷衍过去,那么就可能会让执行者感到失落,就像一个月薪本该达到2

万元的人，如果老板只愿意支付给他 1 万元的薪水，那么他在下一次的行动中很可能只愿意表现出 50% 的能力。

反过来说，如果员工的能力不强、价值不大，却拿到了更高的工资，那么很有可能会在团队内部引发一系列的公平问题，最终损害其他执行者的利益和积极性，而这同样会产生不良的效应。因此，确保薪水和价值的匹配是企业薪酬制度的关键点，而这样才是对所有执行者最大的尊重。

2. 通过工资的设置来安排工作

通过具体的能力和价值来发放工资，这样可以做到公平公正，而按照工资的标准来选定执行者，同样也是保持合理薪酬的一个重要方法。比如企业经过全方位的设计和研究，会在某个岗位和职位上给出年薪 20 万元的待遇，那么在招人的时候，一定会千方百计找到物有所值的人才，在企业看来，这些人才必须能够做出和这份工作相匹配的业绩。而在其他一些不那么重要的岗位上，企业可能会开出年薪 5 万元的薪水，而这类职位上所招收的人才，无论能力、经验还是价值都无疑要低一些，这些人只需要做到和 5 万元年薪相匹配的工作即可，而无须做得更多、更好。

这种以工资来选人的方法也是很多企业一直在做的事情，而这种做法也常常会在实行的过程中出现变化，比如当管理者意识到自己所邀请的高端人才根本没有办法做出好成绩时，自然会认为对方配不上高薪，因此在业绩考核之后，必定会辞掉对方。而一些屈居在小岗位上的执行者，一旦表现出了超出职位水平和薪资水平的能力，就会得到公司进一步的提拔。这些变动和调整实际上都是企业维持合理薪资水平所做的努力，也是保持内部公平和执行力的重要举措。

其实，无论是按照能力和价值来支付工资，还是按照职位和工资水平来安排人，团队最重要的还是应该保持人员与职位、薪水的合理匹配，要确保所有的工作都能够做到位，确保所有的人才都可以"物有所值"。这才是团队获得发展的一个条件，也是企业提升团队执行力的重要保障。

毕竟这样做能够让所有真正有能力的人都可以获得足够的尊重，并得到最佳的发展平台，而且也让企业的薪酬分配维持在一个更为合理公平的状态下。这就为更多的执行者营造了一个更好的执行环境，也能够激励更多的人为实现团队目标而努力奋斗。

3

末位淘汰制：拿掉扯后腿的人

企业在本质上是一个营利组织，其存在的最终目的是赚取利润，一家没有利润的企业不是真正的企业。那么利润从何而来？它是由企业和团队的成员来创造的，它依赖于团队成员每一天在工作中创造的价值，这些价值会转化成效益和利润。从这一方面来说，创造价值实际上成了员工工作的底线，成了他们存在的根本价值。

而创造价值实际上意味着员工的执行力必须有一个明确的正面的结果，而且这个结果往往需要进行衡量。所以执行力往往可以直接依靠具体的业绩和价值来进行考核，员工不仅把工作做了，而且做得很好，这就是有效的执行；如果只是做了，而没有一个让人满意的结果，那么这种执行力并不高。比如：企业在解决客户服务方面的问题时，只有让客户感到满意，才证明了相关服务人员已经执行到位；生产人员只有按时且保质保量地生产出公司要求的产品，才称得上是真正的执行力。

在现实生活和生产活动中，不可能每一次都能够执行到位，不可能每一次都能够完成目标，总有一些执行者会面临失败。还有一些员工可能只注重过程，凡事走走程序，而没有全身心地投入其中，因此根本不想对工作结果负责，这样同样会导致团队执行力低下。

在面对这些情况的时候，员工往往会为自己辩解，认为自己努力了，认为自己按照要求做了，而结果则不受自己控制。但对于企业来说，没有实现预期的效益，这就是执行力不强的表现，因此必须予以相应的惩罚，以此来提醒和规范执行者的态度，否则执行者就不会主动为那些没有任何价值的失败成果负责。

通常情况下，管理者可以设定严格的绩效考核体系，给予那些没能执行好任务的员工一些惩罚。不过在很多中小企业中，员工受到的束缚可能并没有那么大，而所谓的惩罚措施也往往由于缺乏明确、合理的标准而难以实施开来。而且很多公司的执行者会认为"法不责众"，会想方设法以此为盾牌来寻求自保，这对公司的法度同样会是一种挑战。

有家创业公司的老总曾经找到我，让我帮忙想想办法，他觉得公司中有很多人出工不出力，或者说不出全力，以至于企业的发展根本没有任何起色。他询问我是否应该建立起考核机制，直接对那些无法完成任务的人进行惩罚。我否决了这个做法，如果是在一个相对成熟的企业，这种考核制度会起到一定的作用，但是对于处于发展起步阶段的企业来说，多数工作都还没步入正轨，根本很难形成什么效益，如果贸然进行惩罚，可能会对整个团队的积极性造成伤害。

因此我建议他实行末位淘汰制，也就是说，每一年的考核都按照固定的比例淘汰业绩最差的那一批人，通常这个比例不能超过10%，而且具体要依据团队的规模和发展状态来设定，一般控制在2%~5%即可。相比于冰冷的数据考核，末位淘汰制对团队结构的伤害并不大，而对于队员所带来的压力则要更大一些。

而且，从竞争的角度来说，企业只有保持良好的内部竞争环境、完善内部竞争机制、提升内部活力，才能有效应对外在的竞争环境，而内部的末位淘汰制实际上就是在为应对外部竞争做好铺垫，从整体上提升实力。此外，当一个企业和团队淘汰掉最弱的环节和最弱的成员时，整体的能力就会得到提升，整体的优势就会不断放大，在执行任务的过程中，也会相对更加轻松，团队的执行力也能得到强化。

通用电气公司过去一直都在采用一套特殊的淘汰制度——"活力曲线"，其实就是采用强制分配法的原则将员工分成A、B、C三大类，然后淘汰最次的C类员工。在这个模式当中，A类指的是20%的优秀人才，而B类则代表70%的普通员工，C类是10%最差的员工。在这个制度中，这类10%的最差员工往往会有顺序地被公司淘汰出局。活力曲线制度从本质上来说，就是一种非常典型的末位淘汰制度，而这个制度的推行，激活了通用电气公司的内部竞争机制，这也是通用电气公司能够始终保持旺盛的生命力，并在100多年的时间里保持长盛不衰的重要原因。

无论哪一家公司，都希望能够让最好的员工，让最具执行力的人留下来，而淘汰那些无法完成任务或者难以更好地完成任务的人。只有执行者的整体素质更高，只有执行队伍的执行能力更强，才能够确保团队获得更好的执行结果。这几乎是任何一个企业都会考虑的问题，但企业如果真的想要有所进步，就需要严格贯彻和执行这个标准和制度，就要破除内部的"山头主义"和"小团体主义"，不能被各种复杂的内部关系和所谓的人情往来所干扰。

不过，末位淘汰制并不意味着将那些绩效位于最末端的员工踢出公司或团队，而是进行降级或调任处理，转而安排更加合适的员工补充上来。另外，末位淘汰制的实施必须综合考虑团队的规模和发展状况，不能大范围地裁员或者调任，尤其是对于一些刚刚成立的公司，或者处于恢复期的公司，一定要适当放宽机制，避免破坏企业的发展进程。另外，当整个团队的员工表现水平都比较高时，也要适当降低淘汰的比例，尽可能保持队伍的整体性和积极性。

4

执行力也是培训出来的

在过去十年，很少有企业会把新员工的培训工作放在重要位置，甚至根本没有设置所谓的培训期，只是象征性地安排了一到三个月的实习期，而实习期的员工通常都是自己学习和积累经验，公司很少会安排专人进行培养和培训。

只是在最近几年，企业才慢慢将培训工作纳入自己的执行体系当中去，尤其是一些规模相对较大的企业，更是采取军事化的培训方式，员工在入职之前，往往会经历一个月的培训，对这些培训虽有很多争议，但对于员工未来执行力的提升往往有很大的作用。

最明显的一个例子是，很多新入职的员工可能是刚刚毕业的大学生，由于生活习惯和作息时间的不同，他们往往难以做到按时起床上班，因此培训期间，公司会有针对性地强化他们的时间观念，强迫他们在早上5点半或者6点就要起床。一旦员工能够在严格的监督和管理下进行培训，以后在工作期间就会执行下去。

因此，企业需要强化和完善自己的培训制度，要打造出合理的培训体系，尽量确保员工在正式接触工作之前，就能够适应企业的发展状态，了解企业的发展模式，同时培养出更好的执行力。

通常情况下，企业会在培训期重点培养员工的执行意识和执行能力，而在培养执行意识时，公司一般会采取严格的制度，强化员工的纪律性，一旦员工在培训中出现违反纪律的事情，就会受到严厉的惩罚。这样的培训对于一些自由散漫、无拘无束的员工会形成强大的约束力，确保他们认真对待每一份工作、每一条规章制度。

这种意识上的培训，通常都绕不开三个关键词：服从、纪律、习惯。"服从"指的是员工接受培训的目的就是养成服从的习惯，只要公司规定的事情，只要是上级下达的命令，员工就要服从，并且按照具体的要求执行下去；"纪律"指的是员工的纪律性，一个严格遵守纪律的员工，才有可能在具体的工作中遵守各项规则，努力执行自己的工作任务，而那些缺乏组织性和纪律性的人，往往会成为团队执行文化的破坏者；"习惯"是培训工作的一个终极目标，只有通过不间断的培训，养成执行的好习惯，养成遵守纪律、服从命令的好习惯，所有的工作才能真正执行到位，企业也才会正常运转起来。

而在执行能力的培训工作中，关键在于实战演练，也就是说更多地安排员工进入基层或者一线去锻炼，通过直接接触工作来提升个人的能力；通过实际的工作，来了解自己所要做的事情，以及弄清楚自己具体应该怎么去做、做到何种程度。实战演练通常是一个非常严格的过程，而且在塑造和提升员工执行力方面所起到的作用也非常大，可以说是整个培训体系中不可或缺的环节，有人甚至称之为"巴顿模式"。

巴顿将军是非常严格的将领，为了训练士兵的执行力，他经常在休战期间让士兵在后方挖战壕，这种程度的工作量常常让士

兵非常反感，他们认为战斗期间挖战壕无可厚非，可是还没进入战场就开始这么干，显然是在瞎折腾。但是巴顿却认为，如果平时不注重这方面的培训和练习，就永远别指望在危险的战场上，还能挖出多么合格的战壕来。对企业来说，同样需要强化这种模式，让员工对执行工作有一个更为明确的了解和体验。

现在，有很多企业都会专门制定相关的制度，要求所有的新员工都必须接受基层的锻炼，必须进入一线去考验，并且规定，只有那些在具体实践活动中达标的人，才有机会真正被公司录取，甚至提前享受到公司的重点关照和培养。这些制度的确定，实际上对整个培训机制是一个非常有效的保障，也能够真正提升培训的力度和效果。

而除此之外，无论是帮助员工建立起执行意识，还是提升他们的执行能力，实际上都离不开一个传授经验的领路人或者导师。很多西方企业会建立导师制度，在培训期间就开始安排一些有经验的老员工帮带新人，在新老员工之间建立起一种学徒制。老员工会在工作中给予必要的指导，从而帮助新员工更好地融入工作当中，同时通过言传身教，让新员工了解到最佳的工作方式，以及培养出良好的执行意识。

美国哥伦比亚大学的华裔教授庞先生，在和我谈论执行力时，曾经提到过一个新奇的概念——"执行力继承"，在他看来，一个团队的执行文化和执行力应该被继承下去，应该让更多的新人接受并注入这种基因。其实企业内部的培训机制不仅仅是为了创造一种执行文化，而且是一种非常合理有效的继承方式，它能够将企业的执行文化有效地传递下去，对于一个执行团队的长远发展无疑会起到很大的推动作用。

5

执行流程：告诉员工每一步都该做些什么

我曾经对数十家企业做过调查，发现这些企业遇到的常见问题包括以下几个方面：

第一，某个环节的工作突然没有人愿意去做。

第二，工作出现了错误，可是常常不知道该追究谁的责任。

第三，内部缺乏配合，而且部门间的工作重复率比较高。

这些现象看似没有什么联系，但是仔细研究和分析之后，就会发现这些现象的背后都指向同一个问题，那就是流程混乱，或者说流程管理不到位。由于很多企业不重视流程管理，各个工作的岗位设置、各项工作的环节设置都非常随意，或者缺乏合理性，就会导致各个环节之间的衔接不紧密，导致各个部门、各个员工之间缺乏必要的沟通与合作。

"蓝色巨人"IBM公司曾经是20世纪八九十年代的超级企业，而它得以发展和壮大的一个重要原因就在于出色的流程管理制度，甚至连华为公司这种大企业也主动向它学习，并引入流程管理体系。

有个在IBM公司担任过部门经理的朋友曾经向我炫耀说，IBM公司中没有一个人的工作会是多余的，也没有一个人的工作是脱离组织而存在的。IBM过去几十年来，一直都在流程管理领域有出色的表现，并且成为行业内的典型代表。

实际上中国企业大都不注重流程管理，企业家也往往缺乏流程管理的意识，因此员工在执行任务的过程中处于一种失控的、混乱的状态，有些员工甚至不知道自己该做些什么，以及该怎么做。流程上的模糊与混乱，是导致企业内部执行力低下的一个重要原因，因此中国企业最需要在流程管理上做一些改进，需要打造一个合理完善的流程管理体系。

管理学家认为，流程是执行力的一个重要工具，任何一个团队都需要按照流程办事，只有这样才能有效强化和保障执行力。科学合理的工作流程能够使企业各项业务以及管理工作良性开展起来，这个时候，所有的工作都会变得更加合理有序，团队的内部协作也会越来越密切，整体的联系会越来越紧密，工作也会变得更加顺利和流畅，从而有效保证企业的高效运转。而一旦工作流程缺乏合理性和精确性，就容易产生部门间、人员间职责不清、相互推诿或者重复工作等问题，员工也往往难以认真完成所有的工作。

如果把企业当成一台自动运行的机器，那么每一个部门、每一位员工就是这台机器上的一个标准配件，而这个标准配件的运作必须有一定的规范。只有让所有的标准配件各居其位，发挥出应有的价值，整个机器才能够运转起来。因此如何明确各部门、各员工的职能，如何明确执行者的定位，这是确保执行力的关键。

正因为如此，对于流程管理，有些人提出了一个更为通俗的说法，他们认为"流程的核心要反映业务的本质,还原以后,该是谁的就是谁的",这种说法实际上体现的就是一种明晰岗位责任的制度。简单来说,流程管理就是为了让每一个人明白自己需要做什么、需要处于什么样的岗位上。而企业或者说管理者所要做的就是将最合适的员工安排在最合适的岗位上,而且每个人都需要坚守自己的工作岗位,完成分内的任务。

如果能够做好流程管理,每个员工都能够严格按照流程来工作,那么每一个环节的任务都能够有效得到落实,相应的一些问题也会得到有效的缓解。流程管理、流程建设有助于将那些管理者或公司的代表从管理工作中解放出来,但更重要的是,它也能够将执行者从烦琐的工作中解放出来。正像很多管理者所认为的那样,"出色的流程管理,可以帮助所有人都找到精准的职业定位,都能够在海量、低价值、简单重复枯燥的工作中更好地体现出自己的价值"。

只不过在流程设计中,应该明确工作中的每个步骤,企业必须明确谁来做、用什么工具和方法来做、主要做什么、输入的对象是谁、做出来之后又输出给谁。这样一来,每一个执行者就都能够在流程中找准自己的定位,并坚守自己的岗位,然后按照规定的步骤一步一步完成工作。事实上,很多企业可以制定详细的工作流程图,然后将其分发给每一个员工,从而确保每个人都能够了解自己应该做什么以及怎么做,也知道自己所做的一切会对别人的工作产生什么样的影响。这是约束和规范员工认真执行任务的一个最直接的方法,也是最有效的办法之一,因为员工可以更加直观地了解自己所处的位置以及所起到的作用。

虽然流程管理越来越受到重视,但它并非简简单单的工作进程设置。其实,流程管理通常有非常严格的要求,比如管理者必须有效梳理工作的流程,确保信息流通更加顺畅,工作也更加高效;建立起完善的工作准则,以便及时查阅和了解流程;不断优化和改善工作,提升效率;找到最佳的监测点,监控流程的绩效;管理者必须对员工的行动及时进行监督。不仅如此，管理者还应当明确每个步骤的考核标准，定期开展严格的考核，考核的结果直接与部门、人员的绩效挂钩。只有做到以上几点，流程管理才能真正做到位，而团队的执行力才能够真正得到保障。

6

打造完善的监督和反馈机制

  2011年,浙江嘉兴的一个民营企业家得知我在杭州参加活动,于是特意赶过来见我,由于当时已经参加完活动,我的时间也相对充裕,就接受了他的邀请,去他位于嘉兴的工厂里进行访问。

  这家企业的规模并不算大,不过发展情况还不错,在参观了几个车间之后,我的印象一直都非常好,而得知他们正和欧洲人一起合作,在欧洲拓展新项目时,就问这个企业家:"你们现在的工程进度怎么样?"没想到他显得有些迷茫,于是就叫来了工厂的一个副经理,让他说一说具体的情况,这个经理大致将项目的规模、目标说了一下,却仍旧没能说出项目究竟进行到哪一步了,接着他又打电话叫来了项目的中方负责人,对方勉勉强强说了一些具体的进程,但也已经是上个月的事情了。

  很显然,面对如此重要的一个项目,整个公司竟然没有人能够准确地说清楚现在到底发生了什么,没人了解该项目的进展情况。我当时就对这个企业家说,工厂必须立即组建一支更负责的团队,而且还要着手建立健全的监督管理机制和信息反馈机制,否则企业将很难应对将来的发展和竞争环境,即便是眼前这个项目也有可能会遭遇重大的挫折。

缺乏监督和反馈,是企业的一个通病,很多管理者在下达任务之后,就将所有的责任和压力推给执行者,然后自己就坐等一个结果,而对执行的过程毫不关心,这种唯结果论的管理模式通常都不会产生太好的结果。对于那些命令一旦下达就撒手不管的团队来说,最后的执行结果往往会和预期出现偏差,甚至出现目标迷失、工作突然中断等问题。

有些时候管理人员可能会忽略一个问题,其实从他们制定目标、规划并下达命令开始,自始至终都应该是这个任务的参与者。当然在执行的过程当中,管理者要做的不是去帮助员工一起做这个项目,而是加强监督和反馈,及时掌握行程,了解这个任务做到了哪一步、遇到了什么问题,以及是否还有改进的空间。

而想要完成这一系列的工作,就需要确保整个团队拥有非常完善的监督和反馈机制,健全的监督和反馈机制应该是执行体系中一个重要的组成部分,它们的存在能够实现更为有效的流程控制,从而为内部的执行工作保驾护航。而一般情况下,企业可以将注意力放在以下三个方面:

1. 汇报机制

为了确保所有的工作都能够按照预定的方向行进,确保所有的工作都可以按照上层的要求执行下去,每隔一段时间,员工就必须向上级部门进行工作汇报,将工作进度、工作成果、遭遇的困难等问题一起反馈给高层,然后高层再进行分析和讨论,给予更为明确的指示。如果企业想要提升反馈的效率,就需要建立起一套层层下达、层层监督的汇报机制,每一个部门都要对自己的下层员工负责,及时进行监督,及时掌握员工的工作情况,了解战略执行过程中的主要信息,然后将获得的阶段性交付成果与初期设定的指标进行对比,以便发现差距和问题,这样就有助于及时调整方案,并通过激励问责手段推动执行过程。而且,这种汇报机制往往能够明确各阶层管理者的责任，从而最大限度地保障执行的力度和准确性。

2. 批判和自我批判

一个出色的团队并不意味着它不会犯错，重要的是它在犯错后能够及时进行自我批评。很多优秀的团队往往会建立非常完善的批评制度和自我反省的模式，只要部门或者员工犯了错误，或者没能按照要求完成工作，其他一些监督机构或者管理机构就会立即指出问题，并加以批评。而有些时候，犯错者也必须进行自我反省。

对于企业来说，经常在内部提出批评并进行自我批评，能够有效发现问题，纠正执行过程中的错误，并确保所有的工作都能够慢慢回归到正轨上。比如，过去很多企业会设置客服经理，这些客服经理最重要的工作就是为客户服务，解决他们遇到的问题，但是为了确保客服部的利益和名声不受到损害，很多客服经理总是帮助企业掩饰一系列的服务问题，而这显然会让客户服务的执行情况变得更为糟糕。针对这种情况，有些企业开始转变思维和模式，将客服经理设置成为客户代表，这样一来，服务者就从企业一方变成了客户一方，客户代表每个月都会代表客户反馈一些问题，而公司则需要根据这些问题来提升自己的服务质量。这种转变就是自我批判和自我反省的一种有效制度，对于企业执行力的提升有很大的促进作用。

3. 监督机制

一个团队的执行成本很高，执行效率却很低，很大一部分原因可能在于缺乏合理有效的监督机制。由于没有设立好的监督机构，没有安排好的监督人员，以及没有设置合理健全的监督制度，使得团队内部的执行行动常常处于失控状态，执行者完全按照自己的意愿行事，而且缺乏有效的规范和引导。

为了解决这些内部存在的问题，团队管理者必须想办法打造健全的监督机制，以便及时了解和监督执行过程是不是按照预定方案操作、是不是在预定时间完成阶段性业绩指标和重点工作里程碑指标。

现如今，很多企业都形成了股东、董事会、管理层的三层治理结构，而每一个群体都需要做好自身的监督工作。股东要监督董事会的业绩、投资回报、风险控制指标、风险投资等；董事会主要监督管理层的业绩指标、重点工作的实施、风险控制、财务报表、基础管理建设等；而管理层主要是对公司具体经营管理工作做监督，包括战略目标分解、体系建设、管理模式、指标完成情况等。无论如何，企业只有依据不同的职能，全方位地打造监督机制，才能更好地反映出执行过程中可能存在的问题。

7

统一制度管理的标准

在现代商业环境下,很多企业并不缺乏好的制度,而是缺乏合理的落实,一些企业往往存在这样的问题,即制度在落实的过程中会存在一定的偏向性。也就是说,企业制度在针对不同的群体时,会有不同的标准。

这几乎是一个约定俗成的潜规则,即便这家公司如何标榜公平,如何制定严格的制度,但在人情世故面前,在求贤若渴的心态影响下,老板还是很容易网开一面。通常情况下,如果团队中最核心的成员,或者重要的管理人员,违背了公司规定,公司可能不会做出惩罚,至少不会按照标准要求来做出惩罚。

另外一种情况就是,当某个团队在执行过程中出现错误,或者没能按时完成工作任务时,公司可能会将所有的责任全部推到普通的执行者身上,而团队中的核心成员或者主要负责人则会免于受到处罚。

这两种现象几乎成了内部公平体系最大的障碍与威胁,但是几乎很少有公司会关注这些问题。在他们看来,只要是有能力而且能够为公司创造价值的人，就值得尊重，就可以获得更多照顾，公司不会因为一些纪律性的问题而予以惩罚，以免伤害他们的工作积极性。

正因为如此，团队内部的精英犯错的成本正在变得越来越小。对于这一点，我几乎是感同身受，在过去几年时间里，我尝试着帮助很多公司组建团队，可是每次遇到困难或者出现问题时，老板想到的第一件事就是，那些角色成员是不是没有按照要求来做。但实际上通常情况下，我发现真正阻碍和影响团队建设的往往是那些被认为是核心成员的人，因为这些人在团队中的作用最大，地位也比较高，很多时候，他们并不愿意积极配合，反而希望所有人都围绕着他们来转。

有好几次，我建议老板要加大管理力度，最好可以小惩大戒一番，但是多数时候都是不了了之，因为老板并不愿意因为制度问题得罪那些核心成员，或者说他们更愿意拿一些无足轻重的小人物来开刀，以此来彰显制度的约束性。正因为如此，团队组建的进程往往很慢，而且结果也不尽如人意，甚至有些公司在组建团队之后又无可奈何地恢复到了原先的混乱状态。

事实上，区别对待不同的员工，永远都不是一个明智的做法，这会极大地降低公司的执行力。首先，一旦公司刻意照顾那些看起来更加重要的人，那么无疑会让其他人感到心寒，因此公司就永远不要指望员工还能够继续卖命工作，他们在面对公司下达的任务时，一定会消极怠工。

其次，如果管理制度不能对少部分特殊人群起到约束的作用，那么对整个团队而言，就一定会失去最基本的约束力，其他人会纷纷效仿那少部分人群，选择无视各种纪律，因此团队的管理很快会变成一盘散沙，而大家都不会再按照制度的要求来执行任务了。

因此，统一管理的标准并且严格落实，是每一个团队都需要努力做到的事情。

1. 统一标准，赏罚分明

对于一个好的团队来说，团队管理者必须尽量避免用作用、地位、亲疏关系来左右制度的标准，他们必须严格落实好每一个制度。无论是谁，只要他做得好，就要接受奖赏；只要他犯了错，就应当接受必要的惩罚。只有统一管理的标准，执行者才会感受到制度的威严，才会更好地服从命令。

2. 做好榜样

一个制度是否会被尊重，是否会被大家认真遵守，往往取决于制度的公信力，而这个公信力首先来源于管理者。在团队内部，如果地位最高的人都不能带头遵守规则，或者落实那些管理制度，那么就不要指望下属会认真对待这些制度了。正因为如此，最好的方式还是领导带头做好榜样，将制度和规则融入日常的工作当中去，并且严格遵守这些制度。这样一来，制度对于员工的执行工作就会产生更为积极的影响。

3. 互相监督

在一个团队内部，为了避免有人游离于制度约束之外，为了避免管理制度为少数人开绿灯，团队必须完善自己的监督机制。而这种监督机制不能仅仅依靠那些管理者，毕竟一些怀有私心的管理者可能会存在一定的倾向性，所以最好的方法就是所有队员互相监督，只要有人违反了或者破坏了制度，就会有人站出来指责或举报，这实际上对于大家都会形成有效的舆论约束。

这三种方法，往往可以有效减少内部制度落实和执行不到位的情况。不过，在某些时候，企业不仅要强化管理的标准，同时还要特别强化对团队中核心成员和管理阶层的管理。实际上，作为团队内部的重要成员，他们对团队执行工作的影响也更大，因此必须承担更多的责任。一旦他们没有将工作做到位，团队就必须相应地加大处罚力度，这样反而能够敦促重要成员更好地遵守制度，更好地执行任务。

8

加强对命令传播者的管理

在很多时候,企业都习惯了将执行工作的两个焦点落在高层决策者以及基层执行者的身上,毕竟高层是提出工作计划和战略规划的人,而执行者则是落实这些想法和理念的人,因此几乎所有的关乎执行的制度都在围绕着这两个群体打转。但实际上大家往往忽略了重要的一点:一个好点子真正得到落实,还需要经过一个中间环节——传递。

有些企业会说,高层的规划非常合理,而下层的执行者能力、素质、意识也都很强,为什么最终的结果和预期结果天差地别呢?其中很大一部分原因可能就在于企业的"二传手"出现了问题,也就是说企业的中层管理者在给基层传递高层旨意的时候出现了错误,而这种错误有一个专业的术语——执行力扭曲。

想要了解执行力是否发生扭曲,往往可以观察以下几种情况:

1. 执行力是否变味

当公司的总经理准备与外商签订合同时,副经理这个时候却要求调研部做好进一步的市场调研，核实外商的资信，这种状况很常见，但是调研部部长可能会就此发挥想象，认为两位经理不和，此时调研部就会想办法从中平衡，或从中渔利，使得调研工作失去了客观性。

2. 是否缓冲了上级命令

当公司下达指令："凡是一个月迟到三次的员工会扣除当月奖金，工资也会减半。"为了自身利益不受到损害，一些传达者可能会将上级的命令改为"凡是一个月连续迟到三次的员工会扣除当月奖金，工资也会减半"，这样一来，只要员工不是连续迟到三次，就不会受到惩罚了。

3. 是否存在针对性的抵消行为

很多企业将销售人员的奖金与销售件数挂钩改为与利润挂钩，针对这种情况，销售部的负责人可能会故意不安排人员销售那些利润低的产品，结果造成低利润的产品大量积压。

4. 是否存在断章取义

很多公司会提出要完善公司的福利制度，减少不必要的浪费，传达者可能会向下传递"企业剥夺员工的福利"这样一个信息。

5. 是否借机满足自身利益

公司要求市场营销人员和客户建立良好合作关系，销售部的负责人可能会借机笼络客户，并利用工作便利向客户提出更多私人要求。

6. 是否恶意延伸

公司制订某个不成熟的规划后，经过讨论又准备收回这个命令，但是下属管理者却不顾这一变化，强行实施这个规划。

从企业的角度来说，每个管理者都希望自己经营管理的企业能够令行禁止，希望下属能够完美地贯彻落实好那些既定的经营决策和管理举措，确保企业内部的执行力处于一个高的水平上。但是下属的一些不正当管理行为常常导致执行力发生扭曲，以至于执行者所做的工作根本不是高层所期望的那样。

在现代化企业或者企业集团里，高层管理通常都会安排专人来负责管理工作，企业会寻找一些担负执行职责的人员来传递高层的想法和要求。比如：相对于管理者或高层主管来说，他直接管理的属下，就是一个"二传手"；在同一领导层级中，负责具体执行的领导成员也是一个"二传手"。

企业的执行力，都是通过各种各样的"二传手"的具体管理来实现的，而这些"二传手"通常都有自己的管理职责和势力范围，一旦一项管理举措在执行的过程中威胁到了自身的利益，"二传手"就会利用自己手中的权力适当进行修正，想办法追求对自己、小团体更现实的特殊利益，或者争取其更大的份额。这种不正当的操作和管理方式，会使得执行力发生扭曲，最终偏离预期的目标。

在企业中，这种情况非常常见，而且"二传手"的不正当管理并不是因为他们错误地理解了高层的经营决策或管理举措，而往往是故意为之，他们渴望利用自己控制的执行权、执行力对管理者、高层主管的策划进行非公开的对抗。更重要的是，和执行者被强制要求执行命令不同的是，企业通常都缺乏严厉的制度来有效约束"二传手"的行为，这就使得他们更肆无忌惮地从中做手脚。

随着执行力扭曲现象的增加，管理者或高层主管必须重视企业的执行力，必须要重视对中层管理者进行严格的管理，这种管理不能仅仅停留在内部教育或者口头警告的层面上，而应该想办法提供更为严格的管理和制度保障。

1. 加强监督

在企业中，高层管理者下达任务之后，通常只关心基层执行者能不能顺利完成这些任务，因此企业所有的管理焦点都会集中在基层执行者身上，这就让中层传达命令的人有了更多的自由度，这就是执行力发生扭曲的一个重要原因。为了解决这一问题，高层管理者必须严格管控好担负执行职责的"二传手"，尤其要加强监督，尽量要求对方如实传达自己的旨意。

有必要的话，高层管理者应该经常进入基层调查，看看基层的执行者所接收到的执行指令和自己下达的命令是否有出入。

2. 出台相应的惩罚制度

在一个企业或者团队中，总会存在一些不作为的"二传手"，对于这一类人，公司不能太过纵容，一定要完善相应的管理制度，进行严格管理。如果发现有人不作为，或者肆意篡改高层的旨意，就一定要进行严厉的惩罚，以儆效尤。比如很多企业会专门制定《中层干部管理条例》，以此来约束那些传递信息的人。

3. 连带处罚

对于一些直接负责具体执行的领导，公司有必要增加压力，提升管理的力度，将他们和执行者捆绑在一起。一旦执行者不能顺利完成任务，那么这些负责具体执行的领导同样要受到处罚，这样一来，他们就不敢轻易扭曲高层的想法，而且还会在管理团队的执行工作中尽心尽责。

另外，在很多大企业中，不仅存在"二传手"，还存在"三传手"和"四传手"，原因就在于企业的内部结构不合理，层级太多，这样一来，在层层领导的干涉下，高层的规划和命令常常会变味。针对这种情形，企业必须想方设法精简机构，尤其要注意压缩中层机构，尽量让这个企业向扁平化方向发展，从而缩短高层和基层的距离，确保沟通更加顺畅高效，确保高层的决策和规划能够被更快、更精确、更高效地执行下去。

第五章
设计出团队的创造力：
抓住关键点

在执行任务的时候，很多执行者都会按部就班地服从命令，只要领导说了什么，他们就做什么；只要领导说怎么做，他们就会丝毫不差地去做。但是一个好的执行团队，不仅仅需要那些坚定不移的执行者，不仅仅需要打造有关服从的执行文化，同时还需要保持必要的活力和创造力。也就是说团队在执行任务的过程中，队员不能仅仅服从命令，或者按照上级领导的意愿行事，同时还需要在执行任务的过程中，尽可能发挥出自己的能力，尽可能有一些创造性的发挥，这样就能够确保执行效率更高，执行工作更加到位。

1

发挥执行者的个性与潜能

在很多人看来,执行就意味着失去了自主发挥的余地,尤其是在团队行动中,似乎队员的一切行动都是受到约束和规范的,他们必须按照特定的要求行事。但其实执行并没有剥离队员们的自主意识,也不意味着执行者要压抑自己的能力,成为"模范"军团中的一员。不仅如此,实际上,世界上最优秀的执行团队,从来都不会要求队员完全牺牲自己的能力和创造性,反而鼓励所有的成员可以最大限度地发挥自身的优势和创造力。而那些最优秀的执行者通常也是自我发挥最出色的人。

对于企业或者团队来说,它们真正要求得到的是一个比较完美的结果,只要能够获得这样的结果,就是一种成功。而优秀的执行者,最依赖的就是他们自身独一无二的潜力和价值,因此如何更好地发挥出这些价值和能力,往往关乎执行的效果。比如,谷歌公司一直都主张让员工自由发挥,所以谷歌公司的工作氛围最自由、最轻松,所有的员工几乎都可以将自己的能力发挥出来,而这也是谷歌公司一直都保持强大的创新能力的原因。

在一个团队中，执行文化和个性表达并不总是相互冲突的。换句话说，员工在遵守规则、服从上级命令的前提下，一样可以自由发挥出自身的实力，只要没有违背相关的规章制度，只要不会对最终的结果造成伤害，那么公司就不应该干扰和干涉员工的行为。

> 帕克是美国某商业协会的会员，他在30年的经营和管理经验中，掌握了一个非常奇特的用人方法，那就是喜欢任用新人，这也导致了他公司里的员工，很少有超过8年工龄的，这样的模式让我很诧异。而另一方面，他的公司其实并没有像我所担心的那样，产生一些诸如稳定性太差的问题。相反，他的公司发展状况非常好，过去30年来，公司的大小目标几乎都实现了。
>
> 有一次，他道出了其中的秘诀，那就是新人的可塑性更强，他们没有受到太多的规范和约束，因此更容易自由发挥，而不是像一些老员工那样"圆滑"地按照老板的要求做事，根本不允许自己有任何一点额外的发挥。正是因为如此，新人们在执行任务的过程中总是会想方设法寻找新的思路、新的方法，会拥有更多创造性的发挥，最终确保了团队的活力，而且也保障了最终的执行结果。

这种方法看起来非常怪异，但实际上核心的原因还是在于对员工个性与潜能的把握，因此本质上还是同其他一些激发员工潜能的方法一样，而这些都是值得企业借鉴的。从另外一个层面来说，好的执行团队应该具备创造力，而这种创造力绝对不是在那些强制性的命令和僵化的管理模式下所能产生的，作为企业创造力的基础，队员们的自主发挥才是提升企业创造性的关键。

因此，团队必须尊重员工的自主表现，并且努力创造宽松的环境来激励队员更好地发挥出自己的实力。

1. 放养式的管理

一个优秀的执行者知道自己应该如何去完成任务，因此管理者没有必要时时刻刻盯着他们，也没有必要将一大堆的规则套在他们身上，只要对方不会犯一些原则性的错误，只要对方不会任意改变工作目标，那么管理者大可以放松管理，让执行者自己安排工作，自行处理相关的事务。当管理者充分放权，给予执行者足够的自主决策权时，他们通常愿意将其当成自己的私人工作来做，并且能够将工作做得非常出色。

2. 鼓励员工采用新的方法

好的管理者虽然不适宜直接参与执行任务，但完全可以鼓励员工尝试一些新的方法来解决工作当中的问题，对于团队来说，只要结果达标，就没有必要非得按照事先策划好的方式去执行，毕竟任何一种策划都不可能是完美的，只要员工能够提出更为完美的方案或者方法，管理者就应当鼓励他们勇敢地尝试和践行。

3. 让员工加入方案的策划工作当中来

为了方便员工更好地执行任务，并且尽可能发挥出自己的价值，管理者可以安排员工参与策划和决策工作，让他们大胆提出自己的设想。而执行者通常都活跃在一线岗位上，对于相关的工作非常了解，通常可以结合自身的优势以及现实的基本情况，提出很多非常有参考价值的建议，这样一来，他们在执行的过程中，也能够更好地完成任务。

4. 安排一些更富挑战性的项目

如何激发员工的创造力，一直都是企业管理的重要课题，尽管方法多种多样，但是最常见的方式是帮助员工安排更大的挑战项目。对于一些常规项目和平常的工作，员工往往可以依靠常规方法来解决，但是一旦增加难度，过高的挑战性就会迫使员工改变策略，甚至冒险使用一些常规以外的方法。在解决问题的过程中，员工更容易自己发挥出潜藏的能力，而且会展示更多个性化的才能，而这些恰恰是提升执行力的关键。

实际上，从企业和团队发展的角度来说，当执行者更多地表现出自己的特点，更多地激发自身的表现欲望时，会对整个团队带来更为积极的影响，只要给予适当的约束和引导，那些拥有天才想法和天才个性的执行者就会做出令人难以置信的成绩。而一个出色的团队，绝对不应该利用各种规则，不应该利用管理者的权限来压制那些潜能。

2

执行并不意味着不加思考地服从

"当上级下达命令时,你只能回答'是'或者'好的'",这可能是过去十几年来,有关执行力最流行的一种说法,所以大家对于执行力的看法大都聚焦在服从这一层面上。好的执行力就意味着服从。

而在现实中,这种理论带来了一些弊端,比如企业的管理者会刻意强化自己的权威,从而给予执行者更大的约束力和压力。哈佛大学的麦凯恩教授曾经将团队内部的强迫倾向称为心理垄断效应。当我以团队顾问的身份去拜访麦凯恩教授的时候,他再一次提到了这个话题,并且提到了一句话:当一个企业中存在那种想要控制一切的超级管理者时,可能会是一个灾难。而我则从执行者的角度来理解这句话——执行并不意味着不加思考地服从。

执行意味着服从,但执行并不意味着不加思考地服从,这些不同的说法并非悖论,服从是执行者的天职,是一项基本素质。执行力体现的是一种行动上的态度,一流的执行力首先体现在坚决地服从命令。也就是说,执行者不能质疑上级的命令，不要去问为什么，唯一应该弄清楚自己要做的就是执行。但是我们可能忽略了一点，服从的最终目的还是完成任务，而在完成任务的过程中，有时候是可以做出适当的改变的。

换句话说，执行者最终是对执行的结果负责的，这也是执行者证明自身价值的唯一标准。因此，执行者在日常的工作当中，需要明确地提醒自己，是不是有必要完全按照上级的意愿行事，而这样会不会真的产生预期的效果？或者说，上级的命令和规划是不是真的合理？如果完全服从上级的要求，反而难以完成任务，那么该如何进行取舍？这些是执行者必须想清楚的事情，而他们也必须在"完成任务"这个要点上投入更多。

另外，每个人都是有自主选择权，也是具有创造力的。就团队的发展来说，执行者的创造力决定了团队发展的上限，因此团队建设者和管理者必须想办法激发员工的潜力，必须给予他们更大的自由，而不是将其培养成只知道服从命令的机器人。现如今，人们更加看重的是团队的活力和创造性，而活力的出现往往意味着更加宽松的管理环境，意味着更多的自主选择权。因此，无论是管理者还是执行者都必须尽快转变思维，而团队内部也必须为这种新的模式创造相应的条件。

1. 对事负责制，而不是对人负责制

通常来说，一个团队中最大的管理问题就是人事管理问题。因为我们总是会非常在意团队内部的人际关系，人事的管理也就慢慢偏向了人对人负责的制度，也就是说，执行者在执行任何一项任务的时候，都会不由自主地将发布命令的管理者当成唯一负责的对象，执行者的一言一行都是按照对方的指令来完成，而且会出现事事都向上级请示、事事都要以上级的规定为标准的盲目举动。

对人负责制是一种收敛的系统，也是一种非常盲目的、保守的系统，对于团队的执行力几乎没有任何帮助。一个优秀的执行团队应该推行对事负责制，所有的执行者应该以自己的工作任务为目标，应该确保自身的所有行动是针对工作而不是某个上级的。这样一来，执行者就没有必要完全照搬模式，完全服从上级的要求。在某些时候，可以适当地自行决策和调整，确保更好地完成任务。对事负责制是依据流程及授权，以及有效的监控，使最明白的人具有处理问题的权力，是一种扩张的管理体系，对于团队执行力的提升具有很大的作用。

2. 管理者适当提高执行的弹性

"你必须这么做""这是我管理的团队""你没有必要去想其他东西，你的任务就是去做"，这些通常都是管理者丢给执行者的理由，他们通常不允许自己的理念和命令受到质疑，不允许有人随意改变自己的规划，从管理的角度来说，这是有必要的。但如果考虑到执行的方式和效果，管理者必须适当放松管理，而应该增加一些弹性，比如管理者可以说"你必须要完成任务"，但是却没有必要强制对方非得按照自己设定的某种方法去执行，如果员工认为自己有更好的方法，那么管理者大可以给予他们尝试的机会。

好的管理必须脱离僵化、固定的思维，必须具备更大的活力和弹力，哪怕是在执行体系当中。当然，执行者可以自作主张并不意味着他们就能够脱离上级的引导和控制，而随意变更任务，至少他们还需要对执行结果负责。而且员工在做出改变或者制定更好的执行策略时，应该及时向上级汇报，双方可以进行有效的沟通，如果所改变的事情无关紧要，对大局不会产生什么大的影响，员工可以自己做出决定。

3. 执行者要有基本的判断力

一个规划是不是足够合理，一个命令是不是值得遵守，这是执行者需要考虑的问题，尽管这样的说法存在很大的争议，毕竟执行者的最大使命就是服从，但有些时候，接受错误的指令会比违背命令产生更为恶劣的影响。出于对团队利益的保护和对目标任务的完成，执行者有时候必须懂得对某些不合情理的命令说"不"，这当然不是完全反对领导的意见，而是局部反对。也就是说,大方向上、大立场上要和领导站在一起,但是对于一些不那么合理的小细节,一定要进行认真的思考,并提出更为合理的反对意见。

执行者必须有自己的风格和思考能力,他们不应该将自己定位成只知道执行命令的机器,不应该将自己定位成某个特定程序下的工作者。如果想要成为更加优秀的执行者,他们就需要真正融入工作当中去,要努力去思考所有的工作,而这本身也是将工作做到位的一个基本原则。

实际上,无论采取哪一种方法,团队管理者关键还是要从观念上进行改变,要消除过去那种"我让你们怎么做,你们就应该怎么做"的观念。管理者必须明白,自己所起到的作用是管理和引导,而不是完全意义上的控制;而执行者也需要重新定位自己的角色,明确自己作为一个合格的执行者所要肩负的责任和使命。

3

灰度理论：尊重不同的意见

企业在发展过程中，一个项目在执行过程中，都可能会出现不同的意见和建议。管理者将各种意见综合起来，体现的就是一个开放的体系。在这个体系中，任何人都可以提出自己的不同想法和意见，而管理者会认真分析各种不同想法的可行性。这就是一个非常典型的"灰度管理"。

在欧洲，有很多公司在每一次的大讨论中，明确做出要求：讨论中必须出现至少三种不同的想法。有的企业也明文规定，如果一个11人的团队中，有10个人认为某个项目可行，并提出了非常好的理由，那么第11个人必须提出反对意见，并告知相关的理由。之所以会有这类要求，还在于这些企业更加看重不同的声音，并觉得吸收不同类型的想法是改进策略的一个重要方法。

而更进一步来说，一个好的团队必须是开放的、有创造力的，而只有确保更多的人参与讨论，只有确保更多不同的意见得到尊重，员工才会激发出更大的热情，才愿意为企业的发展积极献计献策，而这些恰恰能够有效提升团队的执行力和创造力。

那么，团队该如何去尊重不同的意见，又该如何收集更多有价值的想法呢？

1. 头脑风暴法

头脑风暴法是一种无限制的自由联想和讨论，其目的在于产生新观念或激发创新设想，通常在一个团队内部，管理者会要求所有的主要成员参加大讨论，而且不会对各种不同的想法做出限制。

在现代企业中，头脑风暴法是提升决策科学性的一个重要手段，企业家不再将策划当成一个人或者少数几个人的工作，而是放开限制，尽量让更多的人参与进来，每个人都可以按照自己的想法提出不同的理念，这样就可以确保策划时，能够尽可能地将所有的有利因素和不利因素都考虑进来。

对于一个优秀的执行团队来说，管理者既要尊重每一个人的想法，也要善于收集不同的意见和建议，因此头脑风暴法会是一个最佳的方式。

2. 永远不要忽视那些反对的声音

当一个企业家倾向于某个想法时，他一定会乐于听到这个想法，并且全力以赴地给予支持和认可。但对于企业的发展来说，这非常不利，最明智的做法就是多听一些不同的声音，他们可能会针锋相对地提出很多缺点，而这些缺点有时候就是潜在的隐患。从某种意义上来说，不同的意见能够有效帮助企业改正错误，完善相关的策略和理念。

3. 善于协调和综合不同的意见

在一个充满竞争和活力的团队中，需要出现不同的声音，需要出现各种不同的立场，而管理者要做的就是尊重和协调各方，就是将所有不同的意见进行整合，争取打造一个让大家的意见处于一个相对平衡状态的环境。对于企业而言，任何有利于解决问题、任何有助于发展的想法都是好的想法，都应该借鉴过来，只要通过合理的整合，企业就可以有效保障执行的效果。

每一个管理者都需要清醒地意识到这一点，毕竟一个人不可能将所有的事情都考虑得绝对完美，只有博采众长，才能够尽量把工作做得更加合理、出色。

4

学习也是提升执行力的一个重要方法

为什么很多执行团队会将工作越做越好？为什么很多执行团队总能够做到与时俱进？为什么很多执行团队会在创新性研究方面始终位于前列？这里面可能涉及资金、技术、人员安排以及发展策略等问题，但是往往离不开一个最核心的问题：学习。

近些年来，打造一个学习型的执行团队几乎成了每一个管理者的首选目标，因为谁都明白，一旦自己止步不前，那么现有的执行体系也许只能维持一两年的竞争优势。一旦其他竞争者采取了新的技术和方法，拥有了更好的管理模式，那么团队的生存能力将会大幅度下降，执行的效率也会大打折扣。无论如何，学习都是自我提升的绝佳方法，尤其是在提高创造力和执行力方面，学习能够带来更多的可能性，也会进一步完善原有的体系。

沃尔玛、可口可乐、苹果、微软，它们的发展不仅仅是依靠运气，这些几乎能够跨越不同时代的大企业，之所以可以在时代变幻中游刃有余，就是因为它们善于学习,因此总能够在不同的环境中更好地执行自己的目标。而诸如硅谷这样的地方,尽管越来越多的人认为硅谷正在衰亡,但它的创新精神和学习精神还在,至少每年它还在创造一大批可能在不久的将来就足以改变世界商业进程的企业。

从某种意义上来说,美国之所以能够出现那么多大企业,就在于他们拥有出色的学习意识和学习能力,这样就确保了它们总是可以更好地完成各项工作。而这对于任何一个执行团队来说,都是非常好的榜样。阿里巴巴的马云曾经说过:"创业者最大的快乐就在于在创业过程中去学习、去提升。很多时候是因为创业者自己搞不清楚而去创业,当你搞清楚以后就不去创业了,所以创业者书读得不多没关系,就怕不在社会上读书。"可以说,打造一个学习型的团队已经成为提升竞争力的一个必要方法,也成为打造新型执行团队的一个必然趋势,只不过这种学习往往需要具备更强的针对性。

1. 向强大的对手学习

为什么竞争对手的表现总是要好过自己?为什么对方能够完成一个又一个的大项目,而自己却不行?最大的问题就在于执行力不够强。因此,为了追赶对方的脚步,为了在竞争中占据更多的主动权,有时候就需要放下面子,主动向对方学习,了解他们的技术、模式以及发展理念,看看别人究竟是如何去做的,然后借鉴经验,有效完善自身的执行体系,并提升自己的执行力。

当年的三星公司一直以索尼公司为追赶目标,努力向对方学习,并且认真分析索尼的成功之道,正因为如此,三星慢慢从一家不起眼儿的小企业发展成为亚洲发展速度最快的科技公司,并且在几年之后一举超越索尼,成为亚洲最大的科技公司。随着诺基亚在手机市场的统治地位确立,以及苹果公司的异军突起,三星始终将目光锁定在这两个强大的对手身上。就连三星的内部人士也认为,诺基亚和苹果为他们树立了一个好榜样,而正是因为努力观察和学习对手的经营管理方式，三星后来者居上，超越了诺基亚，并成为和苹果公司平分秋色的电子企业。

2. 通过学习来积累知识

创新并不是突然出现的，需要长时间的积累，而学习则为这种积累创造了更好的基础，通过不断的学习和提升，团队能够接受更多的新知识，这些新知识就是创新力的根源。只要知识积累到一定的程度，往往就会发生质变，这时候就可以将这些知识进行整合与升华，从而创造出更好的理论、更好的技术以及更好的思维模式。

虽然创新是在实践活动中产生的，但是却离不开理论知识的积累，如果没有充足的理论指导，那么创新就会成为一种空谈，执行力也会成为一种奢望。Facebook 公司在生产 VR（虚拟现实）产品 Oculus 时，曾经要求所有的研发人员必须学习 VR 的相关理论知识，而且要求深入学习，尽可能地寻找出技术上的突破点。也正是因为如此，Facebook 很快就完成了 Oculus 的设计，从而成为 VR 领域的领导者。

无论是向竞争对手学习，还是进行自我提升，其实都是激活创新能力的一个很重要的方式，也是强化执行文化的一个有效措施。毕竟如果一个团队想要将工作真正做好，想要让自己的工作更富创造性，就需要不断学习，因为只有学习才是提升自我的最佳通道。

5

逆向行动的"蓝军"

现如今,有很多企业都希望自己的各项决策能够更加完美,都希望自己一系列的举措能够更加安全高效,不过很多问题往往无法在正常的行动中表现出来,为此它们常常会在公司内部设置不同的执行队伍——红军和蓝军。所谓的红军通常指的就是按照流程和命令正常执行任务的队伍,它的主要任务就是规划流程,然后在实践中进行验证;而另外一支队伍蓝军,它的主要任务是对某个流程进行挑刺,从中寻找出不合理的成分,并在执行的过程中努力验证和放大这些缺陷。

蓝军所起到的作用就是反向地采取行动,来找出红军的缺陷和问题,寻找各种值得改进的可能性,这样一来,企业就可以通过蓝军的行动,来发现自身规划中存在的问题,并对流程加以改进。而通过不断的完善和改进,公司的决策会越来越科学合理,流程也会越来越完善,执行结果也能得到保障。

这种模式就像是替自己寻找一个挑刺者一样,虽然看上去有些莫名其妙，但实际上却是一种自我纠错、自我激励的好方法。实际上，任何事物都有正反两个方面，通常情况下，人们只看重事物的正面，却往往忽略了它们的反面。在执行任务时也是一样，团队高层在制订规划时，往往有一定的偏向性，而这种偏向通常会掩盖很多问题，执行者为了遵守命令，通常也不会过多地进行思考，更不会干预上层的决策，这样就导致一些存在的问题被彻底忽视。如果团队愿意设置一个逆向行动的组织，能够从事物的反面来观察，能够从相反的角度执行这些命令，往往就能够找出这些命令和规划中存在的问题。

此外，当一个团队缺乏真正的对手或者威胁者时，往往会保持相对放松的心态，这个时候，通常不会将工作做得太过出色。如果有一个反对者时刻给自己"找麻烦"，处处针对自己的缺点大做文章，那么团队的警惕性会更强，也愿意激发出更大的能量来应对自己的工作，这种紧迫感和积极性，有助于激发他们的创造力。

如今，有很多企业都在内部设置了"红军 VS 蓝军"的模式，这些企业最终都是为了实现内部竞争和监督，确保所有的执行行动都可以尽可能地减少误差，同时也能够有效提升执行效率。蓝军就是为了实现这些目标而存在的，他们能够有效鞭策企业更好地完成进化。尽管不同的企业会采取不同的模式，但大体上还是一致的，而蓝军的任务实际上也都差不多，都是采取逆向的行动来明确自身存在的价值。

1. 程序上的逆向思考和行动

多数人在执行任务的时候，都是按照固定的顺序来进行，并逐步向目标移动。而执行者其实完全可以从相反的方向来行动，尝试着将目标作为起点，一点点倒着往前进行思考和推算，并通过具体的行动，来验证这些规划是否合理科学。

在很多企业中，都存在类似的机制，公司会安排特定的机构和部门，进行逆向的思考，从而验证最初的规划是否合理，是否真的可以用来指导目标的实现。当正规的执行团队向目标前进的时候，公司内部的"蓝军"会从目标出发，往前推进自己的行动，通过这种反向行动来验证规划是否可行，一旦遇到阻碍，"蓝军"就会立即终止自己的行动，并将行动的结果汇报给公司。有时候，"蓝军"会通过逻辑思维的推演来进行验证，这种假想行动旨在验证政策和规划的逻辑是否合理，旨在推出内在的因果联系，看看是否真的存在。但无论是实际的逆向行动，还是思维上的推演，其实都可以对公司的行动带来很强的指导意义。

2. 采取不同的方法进行验证

在执行任务的时候，团队成员通常会本能地按照过往的工作模式，或者按照上级规定的方法行事，这样做往往会陷入一个固定模式当中去，而导致很多问题不能被检测出来。如果执行团队能够突破原有的方法论，采取新的方法来执行，甚至采取完全相反的模式去验证，很有可能会发现新的问题。

在谈到内部执行体系僵化的问题时，甲骨文创办人劳伦斯·埃里森说："任何一种好方法，在连续运用多次之后，都会是一种罪孽，我们需要更多不同的方法来找出可能存在的问题。"在他看来，团队内部如果将某些由来已久的习惯当成一个不可更改的制度，就会破坏公司的发展动力，因此必须有人提出新的方法、新的思路，以此来开辟新的道路。

3. 换位思考

上级的规划者和下级的执行者往往各司其职，发挥出各自的优势，而在团队发展方向的掌握上，在制订规划和下达命令方面，上级的确要比其他成员更具优势，但是在某些时候，上级由于对基层工作缺乏足够的了解，常常会制订一些与现实情况不符的规划，或者制订一些让执行者感到不适应、不理解的规划。为了避免出现失误，上级和下级相互之间可以进行换位思考，上级应该想一想，如果自己是执行者，该如何来完成这些工作，自己是不是能够按照要求来完成工作；而执行者同样需要站在上级的角度来看待问题，想一想自己该如何来制订更为合理的规划，该如何将规划与实际情况联系起来，想一想这些规划是否合理。通过换位思考，上级可以更好地修正规划中一些不合理的内容，而执行者也能够更好地提出合理的建议，并想办法提升自己的执行力。

在以上这些模式中，"蓝军"始终都在扮演一个与正规团队不相称的角色，这种角色扮演很多时候会显得无足轻重，而且多数时候，"蓝军"的存在不具备任何直接创造实际价值的能力。但是对于团队而言，"蓝军"能够有效解决很多被忽视的问题，而且也对团队的完善和提升起到了重要作用，在整个体系中，它是激活团队执行力和创造力的一个重要因素。

6

岗位轮换下的新思路

曾经，我跟随一个商业考察团去 IBM 公司参观的时候，发现公司有一个非常奇怪的"2-2-3"制度，所谓"2-2-3"制度指的就是一种岗位轮换制度：如果一名员工在某个职位上工作 2 年，而上一年的绩效考核达到了 2（良好）以上，那么他可以在花费 3 个月时间处理完在原职位所遗留的事务之后，申请调换岗位。这样就导致了一个现象发生，那就是 IBM 公司内部的人员调动和岗位轮换是世界同类企业中频率最高的。

也许很多人认为岗位轮换会破坏企业原有的工作平衡，而且不同岗位的管理者一旦轻易换岗，可能会对新岗位的工作造成不利影响，毕竟没有人会精通所有的工作。但实际上，IBM 公司的执行效率始终处于世界同类企业的前列，公司的执行文化也丝毫没有受到任何不良的影响，更重要的是，这种制度确保了 IBM 内部人才的快速流动，也激活了企业内部的潜力与活力。

那么 IBM 公司的成功是不是一种巧合呢？实际上，这些年，我也接触过很多欧洲公司，发现岗位轮换其实是一个比较普遍的制度，这些年已经没落的德国西门子公司、瑞典爱立信公司都是岗位轮换制度的拥趸，而美国柯达公司也曾经多次进行了成功的岗位轮换，而在国内，像华为公司这样的巨头也从西方企业中取经，成了岗位轮换的实践者。

由此可见，换岗制度的确是一种经得起考验的内部激励方式。事实上，在很多企业中，常常会有管理者或者员工抱怨自己的工作很乏味，抱怨工作缺乏创造性，一旦这种抱怨不断积累，就会变成工作倦怠症，这时候员工会本能地讨厌自己的工作，排斥上级下达的命令，从而消极怠工，最后导致的结果就是公司的执行力整体下降。

无论是哪一个企业，无论是哪一种团队，都无法保持内部工作持续被执行者所关注，因此团队必须积极想办法激活内部的劳动力市场，确保最具执行力的人员出现在岗位上，确保员工能够持续输出更为强大的创造力。而岗位轮换制度的推行，正好能够有效解决这些问题，通过岗位轮换，内部人员可以在更为新鲜或更加合适的岗位上尝试新的业务，正如那些有倦怠症的员工所说的那样："我已经厌烦了这份工作，正好现在有新的岗位值得我去尝试，这会是一个新的开始。"基于这种工作心理，换岗后的职员在某些方面会表现出更大的积极性，即便自己对新工作暂时感到不适应，他们也会乐于学习。

其次，新的工作也会激发出新的创造力和潜能，一些原本被忽视的能力也会被重新挖掘出来。尽管并不是所有的公司都喜欢"多面手"，也不是所有的员工都渴望成为"多面手"，但无论如何，复合型人才都成了现代企业的香饽饽。而岗位轮换就是培养复合型人才的一个有效方法，通过在不同岗位上的轮换，以及对不同工作业务的接触，员工会掌握不同的技能，或者说员工会发现自己原来是可以掌握多种技能的。

问题是这些看似无用的多项技能，可能拥有很强的内在联系，就像市场部的营销和产品研发工作一样，这两者看似风马牛不相及，但是进行岗位轮换之后，对于工作效率的提升往往有很大帮助。原因很简单，从事营销工作的人更加了解市场需求，因此会根据市场需求来判断自己最适合生产什么样的产品，最需要进行哪些方面的技术改进。从这方面来说，一旦营销人员真的换岗进入研发部，往往会更好地执行研发任务，并生产出更多适合市场的产品。反过来说，当研发部的人员从事市场营销工作后，他们会根据自身产品的特点，来进行营销，从而提出更好的营销策略。所以从最终的结果来看，员工在换岗后，不仅扩展了自己的技能，同时也会将相关的工作做得更加出色，而且会提出更多富有创造性的想法。

如果从团队整体的执行情况来看，轮岗换位会直接促进经验、技术的交流，以及不同岗位之间的信息流通，这些都有助于提升员工在新岗位上的执行力，从而确保整个团队能够成为一个紧密合作的作战团体，能够变成一个更具弹性与活力的组织。事实证明了岗位轮换之后，各个岗位的工作标准得到提升，工作的新方法不断被应用，而员工的思维也变得更加活跃，团队的整体工作效率会变得更高。

所以无论如何，岗位轮换制度的实施都会从内部改善企业的运作机制，激活执行者的活力，激活整个团队的创造力。不过岗位轮换并不是盲目展开的，它必须遵循一定的原则和规律，首先换岗不能过于频繁，以免增加人事部门的负担，而且也会造成各个岗位工作的不稳定；其次，任何一次岗位轮换都必须经过事先的安排，要考虑岗位的实际需要和换岗人员实际能力，也要考虑轮换岗位之间的关联性。只有进行科学合理的设计，才能够更好地发挥出岗位轮换制度的效用。

第六章
设计团队的态度：
发挥团队的主动性

....

  在企业或团队中，有的人能力很强，可是执行效果并不好；有的人能力平平，却总是能够认真做好每一件交代的事。有的人每天都待在办公室里加班，却还要将工作延迟到第二天；有的人每天坚持工作八小时，却能够按时完成一天的工作任务。造成这种反差的关键，可能就在于员工的执行态度，而执行态度往往决定着执行的力度，态度不佳的员工，自然不会认真对待工作，执行力也会变得低下；而态度端正的员工，能够将每一项工作当成重要工作来对待，因此在执行的过程中必定会全力以赴。因此，对于团队管理者来说，在重视员工能力的时候，更要注意培养员工的工作态度，毕竟态度才能决定一切。

1

认真面对每一份工作

美国一家金融调查机构,曾对374位职场精英进行采访,询问他们是否喜欢自己的工作,结果大大出乎意料,只有不到20个人认为自己非常喜欢这份工作,他们将自己的工作形容为"极具魅力和吸引力"。而超过一半的人认为眼前的这份工作和自己的理想有一些差距,但仍旧在可以容忍的限度之内。另外的100多人则认为自己对工作根本谈不上什么兴趣和喜欢,他们承认自己工作只是因为薪水足够吸引人,所以被迫待在岗位上。

但这些人都有一个共同点,那就是都成了自身领域内的成功人士,而根本原因就在于他们在对待工作方面,无论是喜欢还是不喜欢,都想办法努力投入进去,都在认真完成所有的工作,这就是一个好的职员应该有的工作态度。

事实上,随着竞争日益激烈,越来越多的人都选择了和自己专业不对口的工作,或者在生活压力下被迫改变初衷,选择了自己并不喜欢的工作。也正是因为如此,企业中常常会出现执行力不强的情况,因为有的人认为自己原本就不喜欢这份工作，因此根本没有必要认真对待工作，而这种消极应对的方式显然会影响工作的效率和质量。

那么我们该如何面对自己的工作呢？也许我一位朋友的经历会给大家带来一些启示。这个朋友曾经在一家跨国公司上班，可是在一次裁员行动中不幸被列入名单。当时部门经理限期他在第二天就走人。通常在这种情况下，被开除的员工都会在谈好补偿之后立即走人，但我的朋友当天却仍旧留在办公室里上班。

在下午快要下班的时候，部门经理让所有离职人员及时清理办公桌，因为第二天这些办公桌就会派作他用。当部门经理来到办公室后，很多人都已经收拾好东西走人了，唯独我的朋友还坐在那儿迟迟没有动手。经理提醒他可以收拾东西时，他看了看手表，然后说："这是我最后五分钟的工作，我希望能够将它顺顺利利地做完，然后我会离开的。"

五分钟之后，我的朋友像往常一样，将一天所有的数据整理好之后，交到经理手上，而经理则待在那儿不知所措。第二天，这个经理给朋友打来电话，说公司决定留下他，让他准备好继续上班。

态度决定一切，有时候团队不能仅仅看个人的能力和水平，还需要看员工对于工作的尊重和投入，因为这些同样决定了一个人的执行水平，而这种态度主要体现在以下几个方面：

1. 保持持续的激情

在工作中，管理者通常最应该担心的问题是，员工出现职业倦怠症，事实也证明了很多员工在从事某项工作一段时间之后，就会产生厌恶、抗拒的情绪，而这显然会对后续的工作造成不利影响。而一个好的执行者，不仅会对现在的工作认真负责，也会对之后的工作认真负责，他往往会保持持续的激情，有效保障自己的工作动力。

2. 认真做好当下每一天的工作

对于团队而言，任何一个目标的完成都需要通过每一天的积累来实现，因此整个团队需要把握当下，认真处理好每时每刻的工作，将每一天的工作都做到位。很多团队会回顾自己的"光荣历史"，会炫耀自己昨天做了什么大事、获得了什么成就，或者干脆将希望寄托在未来，将努力的动力放在未来。可实际上一切的工作都是从现在开始的，都是从当下开始的，如果连当下的工作都不认真对待，就不要指望未来会将工作做得多么出色。

3. 对工作一视同仁

对于多数员工来说，他们自然希望自己的工作任务简单轻松一些，都想要分配到更加轻松的部门工作，并且害怕和反感做一些复杂的工作，这种心态通常会带来很大的问题，即一旦员工遇到自己不想做的工作，可能会消极反抗，从而降低执行的效率，而且还会带来公平问题，这对团队而言是一个大难题。所以对于团队来说，每一个人都必须端正态度，对所有的工作一视同仁，这样就不会在执行过程当中出现太多的起伏和落差。

无论工作是合胃口，还是很难让人满意，都应该认真对待自己的每一份工作。很多时候，做人还是要"干一行，爱一行"，只要自己选择了某一项工作，那么就要想办法全身心地投入进去，就要想办法将所有的工作都当成自己的事业来做。

其实，在工作态度方面往往存在一些规律，比如很多能力出众的专业人才，往往执行力低下，工作质量不高，原因就在于他们没有保持更好的工作态度，在于他们缺乏最基本的责任心，在工作中可能没有尽全力，或者没有认真去对待所有的环节，甚至抱着无所谓的态度。如此一来，执行力自然就不强了。

反倒是有一些员工，尽管能力并不太突出，但是对工作认真负责，而且愿意钻研和努力，因此发展的空间非常大，也往往能够把工作做到位。而且在绝大多数企业中，那些最兢兢业业的员工，那些执行力最强的员工，通常都是能力不算最优秀但态度最好的角色型员工。因为这类员工最踏实，也最具责任感。

这种强烈的对比也许真正体现了认真态度的重要性和必要性，同时也给所有的团队管理者提了一个醒，那就是在组建团队的时候，不能将能力值当成唯一的执行标准，同时还需要注重培养员工的态度和责任心，只有让所有的成员都认真面对自己的工作，团队整体的执行力才会得到提升。

2

激发员工的主动性

如果对执行力进行分析，就会发现，任何一个执行者其实都有着自己的动机，有些人是为了遵守命令，有些人是为了更好地生存，有些人喜欢接受挑战，有的人则拥有更高的自我追求和目标。

而从这些内在的动机中通常就可以看出一个人的执行能力以及执行效率，比如那些单纯接受指令的执行者，往往只会做那些符合要求的事，他们的行动往往缺乏弹性，也缺乏创造力；对于那些为了养家糊口而被迫接受任务的人，他们具备一定的积极性，但是不确定性也比较大，如果公司开出的条件足够吸引人，他们乐于多做一些，一旦报酬不尽如人意，就可能会消极怠工。

对于一些渴望实现自我价值的人来说，工作不仅仅是公司的，也是自己的，他们乐于通过执行命令来实现自己的目标。这类员工主动性更强，工作的积极性以及投入度都要比其他执行者更高，而且办事的效率也会更高一些。

所以，一个团队如果想要提升执行力的话，最重要的就是激发员工的主动性和积极性。很多企业家常常会问我："你知道哪里有听话的员工吗？"在他们看来，"听话""服从"就是员工身上最美好的品质，就是执行力最大的保障。而我有时候也乐于提个醒："听话的员工固然好，但是一个被动的执行者可能会毁掉一个好项目。"

在整个执行体系中，服从和听话往往是最基本的要素，但也往往被人们直接等同于执行力，所以公司的策略通常是"我下达任务，如果你把这些任务都按照要求完成了，就是最棒的"，但它们恰恰忽略了一点，员工并不总是需要依靠命令来工作，而且命令只是一个最基本的执行框架，真正推动执行力的应该是员工的自我表现意识，也就是主动性。这种主动性体现在员工的工作积极性上，包括他们是不是能够自己发现问题（与希望中的标准、与预期的目标有差距的都是问题）、是不是能够主动去思考问题（为什么会出现问题、问题的根源在哪儿）、会不会主动解决问题（在老板发现问题之前解决它）。

如果进一步进行分析，那么这种主动性往往和个人的责任感有关，也与个人荣誉感、归属感、个人价值需求有关，因此团队完全可以从这些方面进行引导和刺激，以此来激发员工的主动性。

1. 增强员工的责任感

一个合格的员工会在领导下达命令后按照要求来解决问题，而一个优秀的员工，则会在领导下达命令之前就发现问题，并努力解决问题。而决定了员工合格还是优秀的关键在于，他们是不是具备责任感，是不是愿意对自己的工作负责到底。所以，管理者平时一定要注意培养员工的责任感，或者尽量安排一些责任感更强的员工来担任重要职务。

2. 善待员工，增强他们的归属感

很多员工会抱着"事不关己，高高挂起"的态度面对工作，哪怕自己明明发现了问题，就是不往上汇报；哪怕自己明明有能力解决问题，却偏

偏不主动请缨。这类员工在企业内部缺乏足够的存在感和归属感，顶多只是把自己当成一个打工挣钱的人，在他们看来，公司永远都是老板一个人的，自己也就没有必要太操心。

对此，管理者需要给予员工更多的关怀，同时也要注意保障他们的工作权益，并给予足够的尊重，只有这样员工才会将自己当成团队的一分子，才愿意把自己当成企业的主人翁。而在工作中，他们自然也愿意主动去付出。

3. 鼓励员工追求自我价值

在一个企业当中，管理者通常会适当地压制员工的个人欲望，希望员工能够一心一意为团队事业做贡献，但问题在于一旦员工失去了个人的目标和追求，就可能会变成一个单纯的命令执行者，而不是创造价值的工作者。

其实，员工的个人追求和企业的发展目标并不总是冲突的，企业没有必要进行压制，反而应该鼓励员工去追求自己想要追求的东西，要鼓励员工努力实现自我价值。而当员工又有自己的目标，拥有实现自我价值的需求时，一定会在工作中展示出更为强大的动力，也会变得更加积极主动。

4. 培养员工的荣誉感

三星公司的一个地区负责人曾经说过："当总部给我们制定100万部出货量的任务时，老对手苹果公司可能会出货110万部，因此我们会努力做到150万部。"这就是一种荣誉感，而对于一个时刻将团队荣誉放在心上的员工来说，仅仅出于"我是公司中的一员"这样的口号，他也会想尽办法为团队争光，从而更加积极地做好自己的工作。

管理者必须给一个优秀的团队注入这种文化特质，必须将荣誉感注入每一个成员的心里，只有当所有人以团队利益为重，以团队荣誉为重，才会将任务当成一个必须完成且需要做到最好的工作来做。

　　总而言之，执行者仅仅通过服从命令，通常都难以将潜能发掘出来，只有提高他们的主动性，让他们更加积极地参与到工作当中来，才会有效提升整个团队的执行力。

3

不能总是瞻前顾后

在工作中,常常会出现这样的状况,明明有人提出了非常好的点子,明明制订了非常合理的规划,可是一旦准备将其执行下去,各种担忧就会出现。总会有人站出来说"我不清楚这个点子是不是合适""我担心它会带来一些不好的影响""这并不是一个万全之策",这些话的背后都有一个潜台词——"目前还不够好"。

那么什么时候才会变得更好?何种情况才算是好?这个"好"的标准是什么?该如何变得更好?也许没有人能够说得出来,只是本能地不放心,所以办事犹豫不决,总想着那些潜在的问题会不会带来更大的风险。

正因为如此,所以多数人的执行力不够出色,不是因为自身的能力不行,而是因为他们思考问题时顾虑太多,做事情的时候优柔寡断,不够坚决。在提出一个好的执行理由之后,他们可能会提出三个不可行的理由,哪怕这三个理由微不足道,但是出于对更好更完善的"规划"的追求,多数人仍旧愿意多做改进。

这种不断追求更好、不断提出质疑和顾虑的做法，往往会让整个执行行动陷入一个恶性循环之中，员工会不断想方设法给自己挑刺，会变得更加游移不定，而这又制造了更多的执行上的障碍。一旦执行受挫，员工会进一步陷入焦虑和纠结之中。

如果一个团队中，队员们出现了这种犹疑不决的心态，就很有可能会导致整个团队的执行体系陷入崩溃，会破坏团队的发展计划。因此，管理者和员工必须引以为戒，设法避免陷入瞻前顾后的心理状态，而这需要所有人保持一个好的态度，对执行力有一个更为清醒、合理的认识。

1. 没有任何事情是完美的

我在替一家跨国公司培训学员的时候，有位英国籍的学员查理是整个培训队伍中思维最活跃的，他总会比别人更早地想出一些不错的主意，但他的问题同样非常明显，每一次我安排所有人按照自己的想法去做一件事时，他总是比别人慢一拍，当然，他有自己的一套说辞："我只是希望让自己的想法变得更加完美，你知道那很重要。"

在培训即将结束时，这家公司的负责人找到我，让我列出优秀员工的名单。结果第二天，这个负责人就找到我，并且非常惊讶地问："你是不是对查理有意见？你们之间有发生过什么不愉快的事情吗？"

"没有啊，我和每一个学员相处得都很融洽。"

后来，我才得知，这个负责人是对我没有将查理列入优秀名单的事情而感到奇怪，毕竟查理在公司里是一个非常受关注的新人。当天下午，我给负责人打了一个电话，向他进行了解释，因为在我看来，"一个好点子并不是设计出来的，而是在实践中做出来的"，因此过度追求完美的查理并不是一个优秀的员工。

事情往往如此，在一个好点子被提出之后，有些执行者的第一想法不是立即去执行，而是一直在想办法骨头里挑刺，看看哪里还需要改善，看看还有没有其他潜在的风险，结果一个原本早该付诸实施的点子，一直都处于"有待完善"的状态。事实上,没有任何一个决策会是完美的,任何一次行动都可能会有意外出现,都可能会面临一定的风险,都可能会存在一定的遗憾,但是只要觉得值得去做,而且有信心做好,就不要想得太多。尽管人人都想要做得更加完美,但完美主义是执行的障碍,一旦执行者试图将所有的工作安排得天衣无缝,那么所有的好点子最后都将变得不可实行。

2. 执行具有时间限制

时间也许是最重要但也是最容易被人忽略的要素。多数人在面对老板逼问时,会回答说:"放心吧,我会完成工作任务的,只不过,还需要一点时间来考虑。"这样的回答看起来非常得体,但其实却犯了大忌,因为时间本身就是执行计划中的一个重要部分,执行者不仅需要按质按量地完成任务,还需要按时完成任务,而这是一个最基本的前提。

尽量将每一个可能存在的问题或者不利因素进行考虑,在某些时候,这或许是必要的,但是在执行任务的时候,都需要明白,这些既定的目标或者规划是具有时间限制的。如果始终犹豫不决,迟迟不肯动手,事情进展非常缓慢,那么可能会耽误最佳的执行时间,而到了最后,即便真的完成了这件事,也可能会因为超时而变得毫无价值。

3. 不要一次性去想太多好点子

马云说:"晚上想想千条路,早上起来走原路。"这是多数执行者的真实写照,很多人都喜欢一次性想更多的点子,但想得越多就越容易产生比较,而比较则会让各种点子的缺点被进一步放大,更会分散自己的注意力,所以最后的情况往往是,想得越多,反而越难以下定决心。

如果执行者真的想要做出一点成绩,就必须合理控制自己的想法,不能漫无目的地锁定各种目标。只有适当收缩自己的思考范围,从中选择一个最适合自己的规划,才有可能真正把事情做好。

4. 一旦行动，就必须坚持下去

有些人在规划的时候，对自己的想法信心满满，可是一进入执行阶段，就会被各种因素所干扰，行事变得优柔寡断，会对自己预先设定的行进线路和方法产生怀疑，会对工作目标变得游移不定，对自身能力也会产生动摇。尽管执行的难度比制定好点子更大，但对于一个优秀的执行者来说，只要动手开始工作，那么就没有理由后退，就没有理由轻易动摇，无论如何，都要坚持将工作做下去。

这个世界上最荒唐的事情，就是你已经将车子开到公路上了，却要停下来想一想自己是不是应该掉头回去。对于执行者也是一样，如果已经开始做那些原本就计划好了的事情，那么就要专注地完成它，而不是中途变卦，或者突然变得犹豫不决。

5. 不要害怕承担责任

对于很多执行者来说，他们之所以常常会在执行过程中产生诸多顾虑，其实从本质上来说，就是责任心缺失的表现。他们担心一旦自己将工作搞砸，可能会遭到惩罚，因此常常未战先怯，对自己所要做的事情失去信心。这种恐惧心理会产生一系列的问题，使得一些应该尽快计划并得到落实的事情陷入反反复复的状态。

如果想要成为合格的执行者，想要让所有的规划及时进入执行阶段，员工就需要勇敢地承担起自己的责任，就要对自身的工作负责到底，因为逃避责任的人是永远没有办法真正将工作做好的。

一个好的执行者、好的执行团队，必须拥有果敢的特质，只要是选择了一个合适的目标，只要拥有一个不错的点子，就应该想办法执行下去，而不要被一些外在的因素轻易干扰。

4

专注细节才能获得成功

"一个优秀的执行团队,应该是怎样的呢?"这是我去年在海口某一次商业会议上提出的问题。有人回答说是创新能力,有的企业家则认为是先进的管理体系,有一些企业家认为优秀的团队必须具备最优秀、最高端的人才,有一些企业则认为远大的理想和庞大的规模是团队变得更加优秀的基础,还有一些企业家认为合作意识、勤奋、包容是企业变得更好的关键要素。

很显然,答案形形色色,而大家无一例外地将一些门面上应该具备的优势当成了打造优秀团队的基石,这本身并没有错。而在大家纷纷发言之后,有个从事摄像头外壳生意的企业家突然腼腆地站起来说:"我觉得还应该把握好细节。"

尽管这句话从他嘴里说出来没有什么太大的分量和力度,但我还是带头鼓起掌来。如果说前面的所有答案都有道理,那么细节则是之前所有答案的基础。无论是创新力、管理、人才任用、规划、协作精神,还是奋斗精神，其实都需要从细节做起。

就像很多大公司一样，它们之所以能够获得成功，有时候并不在于它们有着多么远大的理想和完美的规划，不在于它们所从事的项目多么惊人，不在于它们在相关领域的垄断地位，而恰恰在于一些不为人所知或者容易被人忽略的细节处理上。比如：当客户打来电话的时候，有的公司要求员工要尽量在响铃三次之内接听电话，因为公司认为一旦时间拖得太久，会让客户觉得你不想接电话或者不急于接电话。

有的公司会要求每个员工每天都要保持办公桌干净整洁，并以此作为考核的项目。也许有人会觉得个人卫生通常和个人的生活方式有关，未必会对工作造成什么影响。但事实上，如果每个人能够将每天在一堆混乱的文件中寻找资料的时间进行统计，就会发现自己的确浪费了不少时间，更重要的是，当一个人不时停下来乱翻桌子的时候，工作节奏、工作情绪以及工作效率会受到极大的影响。

这些都是小事，也常常被工作者所忽略，因为多数人都习惯了重视那些大事、大方向，所以当一个团队成立之后，管理者通常会制定一系列的大目标，队员们也会将精力放在那些大事上。但最大的实情就是，任何一件大事其实都是由小事组成的，任何一件大事都是由每一个微小的细节堆砌起来的，如果企业想要做成大事，那么首先就要认真处理好每一个细微的环节。

可以说，细节决定了上限。洛克菲勒最初还只是一个普通的石油桶焊接工人，他经过无数次的实验，发现了在焊接工作中，原先制定的39滴焊接剂完全可以减少到38滴，而这种改进打开了他人生的晋升之路；可口可乐刚开始被用于提神和治疗偏头痛，阿萨·坎德勒却借此开辟出了可口可乐的饮料市场。这些人之所以能够获得成功，并不在于他们之前从事着多么伟大的事业，不在于他们拥有多么远大的理想，反而恰恰是因为他们比其他人更加重视细节。

也许企业应该转换自己的思维，适当地将注意力从那些大目标、大方向、大项目中解放出来，一个优秀的企业懂得如何从细微处着手，懂得如何去把握细节上的执行力，因为它们知道真正引发失败的往往并不是大方向、大策略出现了问题（事实上，多数企业在这些大问题上向来都非常谨慎），而恰恰是因为忽视了基础问题以及细节的研究。一个细小的问题，可能最终影响了整台机器的运转，正像那句话所说的那样："绊倒大象的并非都是大树，有可能只是一颗小石子。"

美国著名心理学家约翰逊也认为："人的缺点就像水桶底部的小孔，它们总是隐藏在人性最深的地方，我们对此常常不屑一顾，但是某一天我们会突然发现打败自己的正是那些细小的缺点，我们那时大概就会后悔自己为什么没能补好这个小孔。"

英国有一个著名的民谣：丢失了一颗钉子，坏了一个蹄铁；坏了一个蹄铁，折了一匹战马，伤了一位骑士；伤了一位骑士，输了一场战斗；输了一场战斗，亡了一个帝国。这个因为一颗钉子而亡国的骑士就是倒霉的英国国君查理三世，由于大战在即，他的马夫一时匆忙在马蹄上少钉了一颗钉子，并认为这根本没有什么了不起。可恰恰因为如此，战争开始之后，马蹄坏掉了，于是查理三世从马上跌落，并且成了敌军的俘虏。

在商业竞争的环境中，也同样存在着很多不顾细节的团队，它们就是业界的"查理三世"，它们的兴衰荣辱往往就和那些不起眼儿的小事情有关。因此，任何一个团队都必须重视细节管理，必须将执行力控制在每一个细节层面上。毕竟一个优秀的团队不仅仅在于它拥有出色的人才、强大的资源和充裕的资金、完善的规划以及它正在从事的伟大事业，一个好的执行团队应该表现出更加细节化的一面。

细节无处不在，因此对于细节的把握必须更加严谨，更加生活化，更加自然化。通常来说，员工是否重视细节，往往可以从一些最基本的现象中来评判：

——队员是否经常会在意自己的着装打扮？

——是否经常会收拾桌子，打扫卫生？

——团队内部是否会经常就工作中的小事情进行探讨？

——每一次工作之后，是否会认真做好笔记？

——是否愿意花时间检查设备和流程？

如果一个团队中很少或者根本没有人愿意做以上这些事情，那么只能遗憾地说，这个团队对细节缺乏重视，顶多只是一个粗枝大叶的企业。实际上，在过去很长一段时间内，企业都在片面追求速度和规模，而这必然会造成精确度下降，必然会导致细节管理方面的缺失。而在现代企业中，无论是发展模式、内部的管理形态还是产品的塑造，都需要做到更加精细化，都需要确保更高的质量，因此细节处理必须成为企业发展过程中需要解决的大事。

而想要打造一个注重细节的执行团队，企业就需要做出调整和改进。

首先，要优化流程，确保每一个工作环节都能够被重视。在一个企业中，各种烦琐的工作往往让人忙得焦头烂额，这也是很多人不愿意多花时间将工作多做打磨的原因。如果企业能够完善和优化流程管理，确保每一个流程环节都合理有序，那么就可以保障最细微的工作也会得到合理的安排，而执行者由于明确了自己的工作，也会有更多的时间处理一些细节问题。

其次，要提高和强化责任心。如果说企业不重视细节，或者细节方面处理不到位，那么绝对不能说能力不行，而是因为工作态度不好，潜在的原因则是责任心不强。在面对自己的工作时，一旦执行者不认真负责到底，就可能会将工作做得很粗糙，或者刻意忽略一些小问题，这样工作的质量自然就难以令人满意。对于企业管理者来说，一定要强化员工的责任感，让他们和工作真正融为一体，这样才会有效保障工作的精细化。

5

执行不能追求"差不多"

在过去几年，常常有商界的朋友向我诉苦，认为员工每次做的工作都和自己设想的结果有一定的差距，虽然对方也把工作做完了，可是结局总是不那么让人满意。如果对员工的行为进行分析，通常有两种可能：第一种是能力不够，无法真正做出让人非常满意的工作；另一种就是态度问题，比如他们一直都在敷衍了事，做事只做一个大概，或者追求差不多，结果所有的工作都做得不尽如人意。

这种人遇事通常只要结果差不多就行，别人托付要做的事，他们往往不会认真去完成，觉得只要最终的结果差不多就行；而别人都能够严格按照规定办事，他们觉得方法差不多就行，没必要完全一样。在这些人看来，工作多一点、少一点都不会产生任何太大的影响，最终的工作结果好一点还是坏一点也无所谓，根本没有必要去斤斤计较。

"差不多"先生是很多企业中都会存在的群体，他们很少严格执行各项作业程序、工艺标准和安全卡控措施，做事缺乏足够的监督，也没有什么明确的流程和目标，所有的工作模式都处于一个相对模糊的状态。他们的意识中并没有将工作完全做到位这样的概念，而且会选择性地无视工作过程中出现的偏差、失误和差距。而凡事差不多的结果就是任何事情都做得不到位，任何事情都难以令人满意。

戴尔公司的总裁戴尔先生曾经说过："我们应该拒绝似是而非的东西，不能因为相像相近，就判定这是我们想要的结果。"摩根银行的创始人摩根先生也说："如果我想要的数字是7，那么就不要用6.9或者7.1之类的东西来糊弄我。"在这些人看来，执行者必须严格贯彻命令下达者的意志，必须一丝不苟地完成所有的工作，而不是将所有的工作当成一个大约数来进行处理。

对于任何一个企业家和管理者来说，"差不多"的行为都是不能容忍的，如果企业想要保障好的执行力，就必须杜绝这种行为，要让所有的执行者都严格贯彻各种要求，并完善相关的管理方法，以确保每一个细节都能够精准到位，不能有丝毫的马虎和随意。

1. 确保规则制度的精确性

在管理员工方面，管理者最需要做的是什么工作，这是很多企业家和老板没有认真思考过的问题。也有一些人认为最需要做的就是打造好的制度和体系，这话并没有错，毕竟制度就是管理的基础，只有设置了更为完善的制度，企业的管理工作才能运行流畅。不过在提到管理和体系的时候，有一个最基本的要素常常被忽略，那就是制度的精确度，换句话说就是明确的准则与固定的标准。

很多公司确立了职业化、规范化、表格化、模板化的标准体系，为的就是设定和打造一个比较精确的模式，确立各种相对稳定的标准，而这些标准的确立有助于约束员工的行为，也有助于引导员工的工作。因为员工在具体的工作当中，会准确参考制度的要求，准确按照规则来办事，并养成遵守规章制度的好习惯。这样一来，他们在执行任务的过程中就不会变得散漫随意，不会按照自己的理解来完成工作。

2. 强化组织的纪律性

当员工自认为差不多就可以了，实际上表现出来的就是纪律的松散和缺失，当员工漠视纪律或者刻意不遵守纪律的时候，自然不会将老板的话放在心里，也不会对最终的执行结果有太多的关注。所以，管理者必须强化团队内部的纪律，并制定各种严格的惩罚措施来约束和引导员工的行为，一旦员工没有按照规则办事，就要坚决予以惩罚。这样一来，员工就慢慢改变自己的工作态度，从而更加专注地对待自己的工作。

3. 强化绩效导向制

当员工出现"差不多就行"的想法时，往往意味着他对于结果不够看重，更意味着他并不担心这种执行结果会影响到自己的利益。而从企业的角度来说，如果无法重视结果的精确性，那么无疑会纵容员工犯下更多更大的错误，因此相比于让执行者端正态度，管理者首先更应该端正自己的态度，强化自己的管理水平。

其中，最重要的工作就是强化绩效导向的制度，毕竟企业最终是以营利为目的而存在的，而员工的工作状态和工作绩效直接关系着企业的赢利状况。因此，企业需要进一步强化绩效导向制度，坚持将工作结果作为衡量工作成效的主要依据，只要执行者能够按照要求，将工作做到位，甚至有更好的发挥，那么就应该受到奖励。反过来说，如果员工没有办法按照要求完成任务，或者没有办法完全践行领导的要求，那么就应当被视为失败的行动。一旦推行更加高效、更加严格的绩效导向制度，员工的一切行动都将会受到严格的约束，他们也无法再次依靠"差不多就行"来蒙混过关。

4. 规范工作流程

一个错误的结果或者结果出现了偏差，重要的原因很可能在于执行过程中就出现了问题，也就是说，员工可能在工作过程中就不太看重自己需要做些什么，以及怎么去做，最终导致了结果和预期相差较大。因此在杜绝"差不多"想法的时候，应该注重流程管理，要设计出合理的流程管理模式，同时规范每一个人的行为，确保整个工作流程的规范科学，从而有效保障执行结果符合预期的要求。

总而言之，好的执行往往离不开好的管理制度，因此企业必须强化自己的管理体制，并建立起一套标准的流程，以此来约束和规范员工的行动。

6

适当克制自己的冒险精神

我接触过很多创业者,而其中绝大部分都是年轻人,这些年轻人在创业上面所体现出来的自信、魄力以及冒险精神,令我非常感动和敬佩,不过年轻人创业通常也有一个明显的问题,那就是激情十足,喜欢冒险,喜欢尝试新事物,常常想到什么就去做什么,办事情缺乏理性的思考,缺乏一种自我约束力。

一些年轻人常常会说:"给我一笔钱,或者给我一个机会,我就敢于投资,我就能够创造出一个属于自己的商业王国。"而一旦他们真的发现了某个好项目,往往会不顾一切地去投资,尽管所有的企业家都在说,创业并没有想象中的那么简单和纯粹(在所有的创业者当中,可能80%的人最终会失败),但仍旧有一大批年轻人热衷于"赌"一下。

我总是在想,也许理想并没有什么对错之分,但对于执行力来说,则有好坏之分。事实上,多数年轻的创业者并不缺乏好的点子,也不缺乏好的行动力,但是他们总喜欢将执行力和冒险精神混为一谈,认为所谓的执行力就是立即行动，就是想到什么就做什么。这种惯性思维显然将执行力的概念扭曲了，以至于大家都盲目自信，并在现实的行动中处处受挫。

老子曾经在《道德经》中说过这样一句话："勇于敢则杀，勇于不敢则活。"积极向上的冒险精神是执行者必备的一种姿态，不过在很多时候，执行者需要适当压抑自己的勇气，不能肆无忌惮地去冒险，为了实现预期的目标，有时候还要克制自己，要懂得适当收敛一些，不要冒冒失失地将勇气和冒险精神直接当成执行力，毕竟好的执行力是一种在合理状态下努力实现一个合理结果的行为，而不是盲目的行动。

这种"勇于敢则杀，勇于不敢则活。"的想法和理念，实际上就是一种非常科学的执行文化。实际上，我认识很多企业家，他们在获得成功之后，都对生活心怀敬畏，因为在创业之初，很多人都是靠着一股冲劲创业的，对于未来并没有一个特别明确的规划，对所从事的工作也没有太多深入的了解，对可能会遇到的问题和麻烦也没有进行预估。虽然自己一路走来获得了最终的成功，但他们仍旧认为自己的成功有一些偶然性，冥冥之中有一股莫名的力量在推动事情的发展，而这种力量让他们心怀敬畏。

如果让他们重新选择，也许就不会那么冒冒失失地直接投身于创业大潮当中了，这是一句实话。多数人在大胆执行人生理想的时候，并没有创造奇迹，没有获得一个完美的结果，在冒险精神推动下的这种执行力最终毫无价值。

冒险会带来一时的奇迹，但最终成就不了一切，对于一个有远见的执行团队而言，必须保持足够的理性和冷静，不能将执行力放在冒险主义的框架下，更不能将冒险精神当成执行文化。

1. 确保任何行动都有合理的规划

在一个出色的行动中，既离不开合理的规划，也离不开出色的执行力，两者缺一不可。无论员工的执行意识多么强，无论员工执行任务的态度多么坚决，一定要确保所要执行的任务事先经过仔细的商讨和策划，一定要确保自己所有的行动都有理论性的指导和约束。如果团队对某一事项缺乏把握，或者难以形成一个合理的指导意见，那么执行者绝对不要鲁莽行事，更不能抱着冒险去尝试的心态来解决问题。一旦缺乏足够的了解，或者不具备立即执行的条件，执行者就要保持理性，以免被一些不可预知的危险所困扰。

2. 做那些自己了解或者擅长的事

很多创业者都会被贴上冒险者的头衔，但是真正出色的企业家绝对不是纯粹的冒险主义者，一些优秀的企业家通常会选择自己比较了解或者比较擅长的领域创业，而不是冒冒失失地认为某个新项目很好，就不加了解直接进行投资。尽管有很多冒险者在商业领域获得了成功，但是对于一个成熟的执行团队而言，冒险绝对不是创业的最大标签，虽然创业需要一些冒险精神，但是选择自己最擅长的工作，选择自己最了解也最有把握的工作，往往要更容易获得成功，执行的难度和风险也无疑会更小一些。

3. 敢做并不意味着能够做好

敢作敢为并不意味着能够有所作为，一旦缺乏合理的规划，缺乏冷静的思考，缺乏更多的保障，那么行动的意愿越大，反而面临的困境会越大。一个好的执行者懂得审时度势，一个好的团队懂得合理出击，他们绝对不会在一些毫无把握或者把握不大的事情上冒险，如果一个11人的团队中，有10个人都举双手赞成某个并不太了解的行动，并且跃跃欲试，那么你就要小心了，因为大家可能陷入了狂热的状态。对于管理者来说，他要做的就是成为那第11个提出反对意见的人，并且努力安抚大家激动的情绪，以免整个团队在错误的行动中越陷越深。

有个企业家说："梦想是疯狂的，但绝对不是盲目的。"想要成为优秀的执行团队，就永远不要指望依靠单纯的冒险精神来取胜，要知道任何行动都必须在正确合理的理论指导下进行。就像游泳一样，如果不了解水的深度和水流的速度，就贸然往下跳，很可能会被大水冲走。

7

实事求是是执行力的最佳体现

德国经济学家迈尔斯曾经说过一句话:"市场上最大的诚信问题是什么?答案是自欺欺人。"在如今,诚信问题已经成了一个关乎商业准则和全球市场秩序的大问题时,很多人会自然而然地认为所谓的诚信问题,多半指的是市场上的欺诈行为,以及不合理、不公平的买卖行为,但实际上企业对于自身情况的错误评估或者刻意掩饰的张狂同样非常严重。比如在提到企业的执行力和发展目标时,很多企业就容易在狂热的激情下失去理智。

我曾经遇到过一个比较典型的案例,一个民营企业家准备进军浙江嘉兴的运动器材市场,经过一番简单的市场调查后,他觉得依靠公司现有的资源、人才以及资金优势,企业在这一领域将大有可为。所以企业成立之后,他就迫不及待地制定了一个目标,要求员工必须努力让公司在两年之内占有50%以上的市场。

对于一个新的企业而言,尤其是一个后进入市场的角色,想要在短时间内从树大根深的竞争对手那儿瓜分到大片市场，这听起来并不现实。所以当这个计划被提上议事日程的时候，就遭到了市场部经理的质疑，但是这个老板很快就撤换了市场部经理。

两年之后，公司虽然发展态势良好，但是只抢占了大约18%的市场份额，尽管这是一个非常好的数据，但是与超过50%的数据额相比，还是有很大的差距。这个老板很生气，觉得所有的人都不够努力，负责人也在偷懒，于是大面积地更换了职员。结果一年之后，公司的业绩不升反降，市场份额掉到了11%。

这是一个比较常见的案例。事实上，很多企业都在盲目求快、盲目扩张，因此在战略制定上缺乏实事求是的精神。这也是为什么我们经常会看到有些企业在宣传自己几年之内做到什么事情、几年之内完成什么重大目标，但是从现实的发展环境以及自身的能力、执行力水平来看，这些企业根本不能按时按质地完成预先制定的各种指标。

我曾经和国内外几家调研公司一起做过一项调查，发现中小型公司更容易出现不达标的情况，它们在短期和中期目标的设置上，有些过高地估计了自身的发展实力和潜力，不达标的程度达到了48%；那些大企业甚至是跨国公司，情况要稍微好一些，但是不达标的也达30%以上。

比如，最近几年的锤子手机、一加手机、格力手机，都在发展过程中出现了类似的状况，在其他产业，很多企业同样以这种"高目标""高标准"来激励自己，但实际上多半都无法兑现承诺。有些是环境因素的影响和全球行业的大调整造成的，但是在执行力的评估上，它们显然有些夸大的成分。

从长远的发展来说，一个企业有目标、有远大的目标是很有必要的，但是目标的制定都需要建立在对自身实力、潜力正确评估的基础上，而且实现目标必须有一个合理的时间设置，不符合事实的规划或目标，往往会让企业的执行情况看起来非常糟糕。

这个时候，管理者会认为负责人没有带好队伍，认为员工没有认真执行任务，认为管理制度不达标。但如果他们愿意理性地看待自己所要求做到的那些事情，就会明白问题的关键在于自己没有做出和实际情况、真实能力相对等的决策。换句话说，你让员工做一些能力之外的事情，让他们做一些规定时间内根本不可能去完成的事情，这本身就很荒诞。相比于责备别人，也许企业家们更应该静下心来反省一下自己：是否拥有一个切合实际的目标？是否为公司制订了一份切合实际的执行计划？是否知道自己的下级主管和员工隐瞒了实际情况？是否了解他们一直都在汇报一些不完全符合实际的内容？又是否一直都强调要按照事实来说话？

企业的任何一个目标、任何一种规划终究要回归现实，并且建立在现实的基础上去制定，需要建立在自身实力的基础上去执行，因此所有的工作都需要从实际出发，都需要按照具体的切实可行的方案来展开。

1. 事前做好执行力的调查

一个执行团队在制订各种伟大的计划和目标之前，最稳妥的方式就是先进行自我调查，了解整个团队的真实情况，并对执行力水平进行正确的评估，从而了解整个执行团队的能力上限。这种评估和调查会让管理者对团队能做什么、擅长做什么、做到什么程度有一个基本的了解。

2. 制订的计划要实事求是

这里所谓的实事求是包含两个方面：第一，制订的计划必须符合企业运营发展的实际情形，必须迎合实际的发展需求，而不是胡乱制订一些难以达标也不具备任何实际价值的规划；第二，制订的规划必须建立在员工有能力去完成的基础上，目标的难度可以适当提高一些，但是绝对不能提高到不可完成的地步，一旦所有人都感到无能为力，那么整个计划就只能面临失败。

3. 所有的执行信息必须实事求是

为了渲染更好的执行效果，为了提升公司的知名度，企业通常会宣称自己顺利完成了某一个高难度的计划，会宣称自己的业务已经达到了预期的标准，但实际情况可能相差甚远。这种自我掩饰和拔高的行为，并不利于整个执行团队的成长，对执行力的增长也没有任何帮助。此外，很多时候，员工为了讨好上级，也会在汇报的时候，刻意夸大自己的成果，谎报一些信息，但实际上问题依然存在，结果依旧未能达标。如果企业想要真正有所作为，想要让自己的执行力得到提升，最基本的一条就是说真话、办实事，杜绝用虚假的信息来掩饰自己的失败。

除了把握好以上三个工作之外，企业还必须强化内部的思想培训，要让所有的执行者和负责人坚持实事求是的原则，要让所有人意识到实事求是的必要性和重要性。通过培训和思想上的强化，可以养成员工实事求是的习惯，从而端正自己的执行态度，确保不会轻易做出一些违背事实和规律的事情。

第七章
设计团队的竞争意识：拥有必胜的决心

很多企业过去一直在关注自己的发展理念，一直在想方设法寻找一些更好的方针和策略，但由于执行力不行，反而被一些发展理念缺乏新意的小企业所赶超。在如今的竞争环境中，有一个统一的观点正在形成，那就是执行力比所谓的想法更加重要，从某些方面来说，执行力就是最好的竞争力，它比那些所谓的创新理念更具价值。而从整体的生存环境来说，只有执行力更强的队伍，才能够生存，才能够获得更多发展的机会。

1

执行力就是一种核心竞争力

在现代企业中，一个最常见也最重要的概念就是"核心竞争力"，它是由普拉哈拉德和加里·哈默尔两位教授提出来的。所谓的核心竞争力是指企业竞争力中那些最基本的能使整个企业保持长期稳定的竞争优势、获得稳定超额利润的竞争力，是将技能资产和运作机制有机融合的企业自身的组织能力，是企业推行内部管理性战略和外部交易性战略的结果。进一步进行解析的话，可以说现代企业的核心竞争力就是一个以知识、创新为基本内核的企业某种关键资源或关键能力的组合，能够使企业在一定时期内保持现实或潜在竞争优势的动态平衡系统。

从这个概念中，可以得出一个关键的词："组合"，或者可以说是"整合"，那么什么样的整合方式才是最佳的，或者如何才能形成真正的组合？关键就在于执行，好的执行力往往决定了好的组合。事实上，执行力是企业准确把握现实，并根据现实采取系统化行动的能力，而执行力本身就是一个系统的概念。

正因为如此，当越来越多的人意识到执行力就是企业的一种核心竞争力，这也就显得不足为奇了。尽管不同的企业所具备的核心竞争力都不相同，但如果将执行力放在整个竞争力的要素当中去进行比较，就会发现无论是创新能力、资金、资源，还是人才、技术、管理制度等，都需要通过最基本的实践活动来进行验证，并发挥出应有的价值，所以说，归根结底还是要求企业必须把握好执行力，只有执行力得到提升，其他所谓的优势项目才会真正成为竞争优势。

我曾跟随国内一个企业代表团去德国考察，当时很多企业代表都对德国先进的管理理念和技术感到惊讶，所以这些企业都将技术、创新、管理当成了打造核心竞争力的重要突破点。在返回国内的飞机上，各个企业的代表进行了讨论，他们纷纷表示，回去之后一定要打造一支创新型的团队，要尽量发展更高端的技术，通过技术创新、管理创新来扩大自己的市场影响力，提升自己的竞争力。

有个企业代表转过头，问我有什么好的想法和建议，我淡淡地说了一句："把提高执行力当成一个最重要的工作来做，因为它才是提高竞争力的关键，或者说它才是企业最需要的一种核心竞争力。"

后来，据我所知，这家企业的发展状况非常好，已成为当地最具影响力的公司之一。而其他很多公司最终都陷入了"眼高手低""空喊口号"的尴尬境地，他们所提倡的创新和技术优势，最终也没能实现，因为当企业的执行力没得到重视的时候，没有员工会真正为创新事业投入太多。在德国之行中，多数企业代表只看到了德国人对于技术的追求，以及在创新上的成就，却忽略了他们其实最值得称道的是一流的执行力，这才是德国成为世界工业强国和技术大国的内核。

对企业来说，也许它们具备资源优势，但是这些资源最终能否最大化地转化成经济效益和竞争优势呢？也许它们具备技术优势，但如何将技术转化成生产力，又如何去推动新的技术发展？也许企业喜欢创新，但是把创新理念转化成创新成果，把创新成果转化成市场上的竞争优势，这些环节，企业是否有足够的把握去实现呢？

执行力永远是关键，没有足够优秀的执行力，企业的各种完美规划根本不可能实施下去；没有足够优秀的执行力，所有的资源优势和技术优势都不过是一种理论上的竞争筹码。很多人都注重外在的、形式上的优势，却忽略了这些优势真正变成竞争力的关键还是在于执行力。

从这方面来说，执行力不仅仅是一种竞争力，还代表了一种核心竞争力，执行力强的企业通常会在竞争中占据更大的优势，会在竞争中掌握更多的主动权。对于这些企业来说，它们的技术也许不会是最好的，资源不是最丰富的，人才不是最高端的，管理制度也不是最先进、最完善的，但它们很可能是将所有资源整合得最为合理的，也是让所有优势尽可能实现最大化发挥的企业。而那些技术、创新、资源、管理都占优势的企业，很可能会因为执行力太差，而让所有的优势变得一文不值。

这就像出牌游戏一样，最重要的不在于你的手里握了几张好牌，而在于你如何去打好每一张牌，这才是击败对手的最佳方式。在一个企业中，必须将打造执行力当成团队的重要工作来对待，因为任何一种竞争，最终比的都是谁比谁执行得更好，谁比谁更好地展示出了全部的实力。

所以，企业需要重视好执行力，需要将其纳入执行力的范畴当中去，而且还应该将其当成核心竞争力来对待。如果说所有企业都必须在竞争中寻找一种共性的话，那么它们都应该有一个共同的核心优势——执行力，因为这是任何企业得以存在和发展的内核。

2

一旦出击，必定倾尽全力

有人曾经做过一项调查，发现九成以上的员工并没有在工作中倾尽全力，哪怕是在一些看起来很重要的工作中，他们也适当地有所保留。很多人承认当公司工资开得高一点，他们就愿意多投入一点；当工资给得少一点，也许就会付出平时80%的努力来应付了事。通常情况下，他们都不愿意竭尽全力去执行任务，也不会把自己的工作看得太重，更不会关心自己这样做是否会影响最终的竞争状态。

这种工作态度在某种程度上，虽然基于利益交换的需求，但从长远来看，无论是对员工本人还是对企业都会带来很大的伤害。尤其是在竞争场合，对手之间经常会剑拔弩张，都在想尽办法赢得最好的生存机会，都在想办法彼此压制，一旦有所放松、有所保留，就可能会给对手带来喘息的机会，也会给你自己留下重大的隐患。

在为其他企业进行团队培训的时候，我经常提到的一个建队模式就是"狼"。因为在所有动物中，狼的耐心是最强的，攻击欲望也是最强的，重要的是，狼是一个天生的杀手，只要盯紧了猎物，它们就不会轻易放弃；只要发动了进攻，它们就会持续不断地发起攻击，根本不给猎物任何喘息的机会，整个狼群会将自己的杀戮天赋、耐力、默契展露得淋漓尽致。很多猎物在面对狼群的追击时，都会显得非常绝望，因为狼群根本不会惜力，根本不会有丝毫的放松。

有位企业家曾经沮丧地对我说："我们的员工都是能力非常出色的人，还有好多都是直接高薪从外国企业中挖过来的，可是为什么我们的业绩却比不上一些实力更差的对手？"后来我去公司观察了两天，发现员工的能力、工作时间、配合的情况都没有任何问题，真正的问题在于这些员工所能做的远远超过了他们目前所做的。

所以我就对这个企业家说："你让所有人都去大厅里看一场球赛吧。"企业家将信将疑地将所有职员叫到会议大厅里，然后我打开电脑，让所有人看了一场公牛队的篮球比赛，那场是公牛队在1995—1996赛季的收官战，那个赛季他们取得了72胜10负的惊人成绩。当所有人都兴致勃勃地看完球赛后，我对他们说道："你们大概都喜欢乔丹，但你们知道他为什么能够带领球队赢得那么多的比赛？"很多人都回答说是乔丹的个人能力太强，或者说是球队的默契度很高。

我点了点头，同时补充说："乔丹说过一句话，'要将每一场比赛当成最后一场比赛来打'，而这就是他们获得成功的关键。"很显然，将每一场比赛当成最后一场比赛来对待的话，每个人就会全身心地对待好每一场比赛。对于企业来说，同样也是如此，如果每一个员工都能够将平时的工作当成最后、最重要的工作来对待，都能够竭尽全力地对待，那么就可以将每一件工作都做到更加完美，就可以从容应对任何一个对手。

也许是受到了"球赛"的影响，在半年之后，这个企业家给我打来电话，非常高兴地说，如今员工的工作面貌焕然一新，企业的竞争力也上了一个档次，每个月的业绩已经比之前翻了一番。

对于多数企业来说，都会存在类似的问题，企业中的员工更多时候表现得更像是一个养家糊口的工作者，而不是一个充满血性和欲望的人，不是一个要想方设法赢得一切、战胜一切的竞争者。我在纽约的一个企业家朋友，每天都会拿着话筒在办公室里冲着所有人大喊："我才不在乎你们是毕业于哪一个该死的名牌大学，在这儿，你们需要做的就只有一点，那就是不要像一只小鸡或者娘娘腔一样去战斗，你们要表现得像一个杀手才行！"

这种管理风格未必真的适合东方式的管理体系，但却体现出了一个团队内在的竞争动力和状态，对于任何一个企业来说，都是很有必要的。如果把执行力提升到竞争力的高度上，那么企业有必要重新审视团队的工作状态，有必要重新审视团队的内部执行机制。一个能力出众且乐于服从命令的员工，可能会将工作做到 90 分；而一个能力并不占优势，但是却能够竭尽全力的员工，同样会将工作做到 90 分。这就像一个拥有 100 分能力值的人，却愿意付出 90 分；而一个一共只有 90 分能力值的人，却贡献出了全部 90 分。两者从本质上来说有着很大的区别。因此，在很多时候，企业不能一味地注重提升员工的能力，而不注重提升员工的竞争意识，企业需要一个具有执行能力，且愿意全身心地去执行的人。

通常来说，想要让员工倾尽全力地执行任务，想要让他们保持一个高度专注的工作状态，就需要全方位地提升员工工作的热情。很显然，想要做到这一点，企业必须对员工进行正确的引导。

企业的管理者往往都知道自己的员工还能做得更好，至少他们对员工往往有着更高的期待。而在过去，他们惯用的手段就是物质激励，工资不断上涨，甚至翻倍之后，员工的工作状态往往会越来越好，投入的精力也会越来越大。物质激励虽然是最直接的激励方法，但往往也是最容易失效的方法，因为一旦员工对收入、对职位感到满足，就容易产生厌倦心理。这也是为什么很多公司的高层人士在获得高职位和高薪水之后，仍旧会产生跳槽的想法。

物质激励通常只对一些层级、薪水相对较低的员工产生吸引力，而事实上也很少有人会真正为了工资而拼尽全力，因为所有人都明白一旦自己过早地暴露出全部的力量，那么就不会有足够的砝码去追求更高的工资了。而根据马斯洛需求层次理论，工资的需求并不是一个人最高层次的需求，满足自我价值才是终极目标，而引导员工去追寻这样一个目标，恰恰是引导员工全力应对工作的关键。

这就像建造房子的水泥工匠一样，如果工匠说自己只是在做一些砌砖的工作，那么就认为他对工作毫无兴趣；如果工匠认为自己正在挣钱，那么就说明他们将工作当成了谋生的手段；如果工匠认为自己所做的是为了建造世界上最具特色的房子，是在完成一件艺术品，就证明了这个工匠理想远大，而且一直都在实现自我。企业需要做的，就是引导所有的"工匠"成为实现自我的执行者。

所以，企业必须给予员工更多的自主选择权。

——必须懂得尊重员工的个人目标。

——必须想办法为员工提供一个更好的发展平台。

——必须更多地进行精神激励，鼓励他们为自身的理想而奋斗；

——必须培养员工的危机感，使他们意识到如果不能竭尽全力，就可能被淘汰。

——必须完善内部竞争和淘汰机制，增强对于竞争的理解能力，增强他们的紧迫感。

总而言之，企业需要让员工意识到两点：只有全力以赴，才有机会生存下去；只有全力以赴，才有机会实现个人的目标。

需要注意的是，有很多企业会狭隘地认为竭尽全力工作就是增加工作量，所以会将竭尽全力和加班（增加工作时间）混为一谈，管理者和员工都会觉得只要将工作时间从标准的8小时，调到了10或者12小时，只要每天都坚持加班,就证明自己已经做出了最大的牺牲和努力。但问题在于时间并非衡量投入度的唯一标准,很多员工加班只是为了迎合老板的需求,只是为了迎合制度的需要,在加班过程中,并没有产生任何更多的价值,这和竭尽全力相去甚远。

所以,员工不要总是将加班当成一个自我加分的工具,而管理者也不能将加班当成检验员工执行力度的唯一标准,而加班的企业也并非总是具备足够的竞争力。严格来说,一个出色的执行者,无论做什么,无论做多长时间,都会毫无保留地将所有的能量释放出来,而对于那些只愿意付出和薪水对等的劳动力的人,无论是否会加班,都不会有太多更好的效果,整个企业也不会因此而变得更加优秀。

3

接受挑战是最好的历练

科学家曾经做过一个有趣的实验,他们将跳蚤放在瓶子里,结果跳蚤轻易就跳了出来,然后科学家适当增加了瓶子的高度,这时候跳蚤仍旧会努力想办法跳出来。而随着瓶子不断增高,跳蚤所面对的困难也越来越大,但令人惊讶的是,这些小动物最终都会通过不断的尝试来突破自己的局限,最终科学家们证实了一点:跳蚤可以跳到自身170倍高的高度。

这个实验指出了一个最基本的道理,那就是挑战往往会带来更多成长的空间。正如心理学家们相信,人的真实能力可能会比平时所表现出来的水平高出很多,比如当一个人长期面对相对简单的工作,可能展示出来的能力也不会太高,而一旦当他面对更为复杂的工作后,状态可能会得到提升,个人的潜能会不断被激发出来,此时他的执行能力可能会提升到一个更高的水平。

这种规律实际上为企业的管理工作提供了一种思路:如果企业想要变得更好,如果整个团队想要获得更大的突破,并且提升自己的竞争力,首先要做的就是主动去接受更多的挑战。

有很多企业，它们的执行力可能在过去五年内都没有得到显著的提升，它们的员工五年前的业绩和现在的业绩几乎差不多，能力值也没有任何提升，而这会是一个极其危险的信号，因为当所有的对手都在进步时，原地踏步就等于是在退步。在解决这类问题时，管理者可能会致力于员工的培养，会想办法让员工充实和提升自己，但是对于这些安于现状的企业来说，可能效果并不会太好，其实最佳的方式是还应该替团队寻找一个强大的对手，或者尽量安排一些富有挑战性的工作。

三星的前董事长李健熙认为，企业必须主动面对更大的挑战，这样才有机会促使公司不断成长，才有助于执行力的提升；惠普公司的创始人戴维·帕卡德也认为，一个企业的发展是需要通过不断挑战困难来实现的。在他们看来，挑战才是历练自己并激发潜能的直接方法，也是增强团队作战性能的一个有效方案。

在上海有一家化妆品连锁店，两年前它只有两家分店，但是一年之后，它在上海、北京、成都、南京、广州等地已经有了20多家分店。有一次，我问店里的一个负责人："为什么在各个国际化妆品品牌大规模进军中国市场的时候，你们的店还能实现那么快的扩张速度？"负责人微微一笑："正因为有多家国际巨头进入中国市场，我们才被迫在这种压力下不断壮大起来。"

在我看来这就是一个非常好的竞争态度，尤其是当前中国市场不断开放，很多企业都非常害怕自己的业务会受到冲击，常常惊呼"狼来了"，但害怕和逃避并不是一个合适的生存策略。在现代竞争体系下，"狼"的出现是迟早的，也是很有必要的，逃避并不能真正带来更为安全的生存环境，任何企业都要直面竞争危机，大胆地引狼入室，因为只有这样，企业才能让自己从一只弱小的羊变成一只狼。

所以，成长的第一条规律，就是替自己主动寻找一个强大的对手。如果管理者对所有员工的执行力都不满意，如果企业的执行力处在一个较低的水平上，那么企业完全可以想办法给自己指定一个强大的竞争对手。当这个对手在执行意识、执行能力、执行效率上全面压制或者威胁自己时，企业自然会产生强烈的危机意识。

而这个强大的对手，通常分为两种：第一种是对方的绝对实力要更高，在竞争中占据很大的优势，因此会对挑战者形成强大的压迫力；第二种是对方拥有挑战者所不具备或者缺乏的巨大优势，换句话说挑战者在执行力上的缺点，恰恰是该企业的强项，这种强烈的反差会促使挑战者强化和改善自己的弱势项目。

尽管从竞争的角度来说，有时候扬长避短是一个很好的策略，但是如果企业想要获得更大的提升，那么就不要害怕将自己的缺点暴露在竞争者面前，而应该通过对抗和学习，不断完善执行体系中的缺点，从而让自己的执行力达到更高的水平。

成长的第二条规律，就是经常做一些难度更高的工作。当一个员工自以为做得还不错的时候，并没有意识到自己或许还能做得更好，所以管理者要做的就是适当地、有步骤地提升员工的工作难度，让他们不断接受新的考验和刺激，这会激发员工内在的潜能，促使他们不断进步。

1. 做得更多

当员工在规定时间内完成一定的工作量后，管理者可以适当增加一些工作量，比如将原有的工作量增加 20%，而且要保证质量不变，这样就会迫使员工不断改善自己的工作方式，提升工作效率，从而在数量上获得突破。通常来说，这种增加工作量的方法，会对执行者的执行效率有显著的提升。

2. 做得更好

在单位时间内，员工可以将工作做得非常出色，而管理者必须想办法让他们在同样时间内，将同等份额的工作做到更加精致、更加完美。更好、更高的水准，往往意味着更加出色的执行力，而且也意味着更加出色的竞争能力。毕竟当工作从 8.5 分提升到 9 分的水平上时，这对任何竞争对手而言，都是巨大的压力。

3. 选择难度更大的工作

对于一个企业而言，时代总是会不断向前发展，所面对的工作也会不断变化，竞争的压力也会不断增加，如果还是按照以前的工作水准要求自己，很可能会成为时代更迭下的牺牲品。因此，企业必须想办法主动去应对那些更难的工作，用更高的标准来要求自己，以此来提升自己的执行力。

有些人担心自己在面对强大的对手时，会增加生存的风险，但这是每一个企业的成长之路，而通过设定各种挑战，企业往往可以逼迫自己快速成长，这样就能进一步完善自己的执行体系，也能够提升员工的执行水平。而当他们在面对竞争的时候，可能会展示出更加高效的执行力，也会将自己从一个落后的竞争者变成掌握市场竞争主动权的强者。

4

执行团队最缺的是野心

法国富翁巴拉昂年轻的时候很潦倒，但是后来却成为法国最有钱的人之一，在他去世之后，报纸上刊登了他的一条遗嘱，主要的内容就是一个问题："穷人最缺少什么？"为了征求不同的答案，巴拉昂给出了100万法郎的奖金。

这个遗嘱很快吸引了全世界的人，但在众多猜测者当中，只有一个小姑娘猜中了答案，她认为穷人最缺少野心，而这恰恰与巴拉昂的答案相吻合。在巴拉昂看来，一个人之所以贫穷，往往就是因为对财富没有任何想法和野心，以至于缺乏前进的动力。

如果走在曼哈顿的华尔街上，就会发现那些有钱人永远都野心勃勃，他们只愿意和你谈论投资、谈论金融、谈论股票和基金，他们所想的、所做的就是如何在这个遍地商机的地方成为下一个亿万富翁。或者说在上海和香港的商业街上，那些穿着西装、打着领带、拎着公文包的人，同样充满梦想，他们的脑子里，可能正在构想一个庞大的商业蓝图。

无论如何，这是个人获得成功的一种典型思维，而如果将这个问题放到企业当中，那么对于企业或者员工来说，他们最缺少什么呢？答案可能也在于野心。如果对世界上的伟大企业做一个调查，就会发现，它们的成功并非偶然，其实早在这些企业开始创立和发展的时候，就已经确立了远大的目标。

马云创立阿里巴巴时，希望将阿里巴巴打造成世界上最大的电子商务平台；任正非在华为公司成立初期，就放出豪言，华为将会成为世界上最大的三家通信设备制造商之一；当雷·克洛克正式收购麦当劳之后，就下定决心要将其打造成一个足以影响人们饮食方式和生活方式的快餐店。

野心永远是最佳的催化剂和最强大的动力，一个伟大的企业绝对不是漫无目标地成长起来的，也不是依靠运气壮大起来的，只有更为远大的目标、规划和更为远大的理想，才能够引领它一步一步走向成功。可以说，伟大企业的基因之一就是野心，而且常常是融入企业文化的一个隐性基因，它将直接或间接地引导企业进入一个更为高端的发展层次。

——野心和欲望是最直接的发展动力，它会促使企业从平凡走向出色，从出色走向优秀，然后从优秀走向卓越。

——野心会带来更大的创造力，当梦想不断在眼前招手的时候，企业通常会想尽办法来实现它，而突破和创新则会成为一种必然趋势。

——野心会带来更为强大的执行力，因为对于一个想要实现远大目标的企业来说，执行意识、执行水平、执行效率都必须得到提升，这样才有机会接近成功。

——野心通常代表着更具攻击性的企业文化，这种文化会让所有的成员变成更加勇敢的追梦人，以及更加坚定的执行者。

"你能走多远，往往取决于想要走多远"，如果将企业最终的发展目标作为一个参考标准的话，往往就会反映出这家企业的发展情况，如果企业所追求的只是"在市场上分一杯羹"，那么该企业所达到的上限也许就是成为市场上一个普通的竞争者；如果企业追求的是"主导整个市场"，那么企业发展的上限可能就是市场上的垄断者或领头羊。尽管真正实现目标还需要满足很多要素，但是如果连最基本的想法也不敢有，那么即便企业的实力再强、机会再好，也不可能获得突破。

正因为如此，野心需要成为企业执行文化中的一个重要标配，任何一个企业不能仅仅满足于在市场上生存，或者做一些微不足道的小事，因为只要进入这个充满竞争的环境，就应该想办法获得更多，否则下一个被淘汰的就是自己。

我曾受邀帮助硅谷的一家新成立的科技公司做内部人员培训，35岁的中国籍男子吴先生和他的合伙人布鲁斯一起创立了这家公司。初次见面，我就非常冒昧地问了他们一个问题："你们的目标是做到行业内第几名？"

两个人相视一笑，他们觉得只要能够生存下去就行，企业以生存为第一目标，这当然没有任何问题。但是之后呢？企业是不是有进一步宏大的计划，是不是想走得更远一些？这些问题我觉得从一开始就应该有一个大致的设计和自我要求。

所以我就直接说："存活只是一个短期的目标，而发展才是长久的考虑，你们的目标还不够远大，我想五年或者十年以后，你们必须对自己的企业有一个更好的交代，而不能仅仅是存活下去。而且对于一个只是想要活下去的企业来说，所有的员工都只会按照能够活下去的标准工作。"

布鲁斯若有所思地点点头，经过三天的考虑和规划之后，他告诉我说，自己和吴先生在总结市场以及自己当前的优势后，提出了未来20年内，要成为全美排名前20的科技公司。从现实的角度来说，这个目标未必就一定能够实现，但是有这样的想法和野心终归是好的。其实据我所知，硅谷中每年都会出现不下几百个这样的公司，而在美国更是数以千计，而科技公司向来是淘汰速度最快的行业，而且淘汰率也很高，如果缺乏一点野心，缺乏一点动力，企业实际上很难存活下去。

此外，我还为他们提供了一些组队思路和具体的工作建议——"野心不妨大一点，步子可以迈小一点，速度适当快一点。"这样一来，公司的执行力就在动力、稳定性和效率上有了一定的保障。

在今年3月，他们的公司刚好成立5周年，而在美国最新的科技公司排行榜上，布鲁斯的公司已经排在了第100多位。这是一个巨大的进步，我想在不久之后，他们或许真的可以更进一步，得偿所愿。

这并非只是个案，如果对市场行为以及市场的发展规律进行分析就会发现，很多时候，市场就是被人们的野心所推动的。尽管科技的进步、人们的需求在起着基本的推动作用，但是从更深层次的原因来看，科技与需求原本就是野心催生出来的，而只有具有了强大的野心，他们才愿意激发出强大的执行力。

5

这是一个快鱼吃慢鱼的时代

美国思科公司的总裁约翰·钱伯斯认为，信息化时代的社会竞争不再是大鱼吃小鱼，而是快鱼吃慢鱼。因为信息化时代的变化越来越快，商机往往转瞬即逝，想要更早地占据市场，就需要拥有更快的速度和更敏捷的反应能力。这就是著名的"快鱼吃慢鱼"理论，而按照这种理论，企业往往不必占有大量资金，哪里有机会，资本就会很快地在那里重新组合，因为速度会转换为市场份额、利润率和经验。

在当今市场经济的激烈竞争中，几乎所有的经营型、服务型企业都在使尽全身解数抢占市场、扩大销量，而抢占市场的关键在于速度，谁最先发现和把握商机，谁最先运用新的方法和策略，谁就最有可能在竞争中拔得头筹，并掌握话语权。而像过去那种依靠传统的技术优势、资本优势和发展规模来扩展市场的策略，已经不适合快节奏的竞争环境了，因为市场变化的速率越来越快，而产品和技术的周期变得更短，如果缺乏敏锐的市场嗅觉和快速的反应能力，企业的发展可能会陷入困境。

诺基亚可能是有史以来最令人感到遗憾的手机制造商，在 20 世纪 90 年代，诺基亚堪称手机市场上的超级巨无霸，在巅峰的时候，它的手机市场占有率接近 80%，这是一个令人难以置信的数据，但仅仅过了几年，诺基亚就开始迅速没落，并且面临着破产。

如果对诺基亚进行仔细分析，就会发现它的迅速衰亡其实就是因为反应速度太慢，整个庞大的帝国在时代快速发展的大潮中，难以快速实现转型，最终落在了时代的后面。而像苹果、三星等快速应用新技术、新策略的企业，则率先把握住了商机，开始迅速蚕食诺基亚的市场，并慢慢将其逼入死胡同中。

诺基亚的陨落代表了一个时代的消亡，同时也预示着一个新时代的到来。比如，随着新技术的不断出现，市场更新换代的速度也不断加快，过去一项新技术的出现可能需要十到十五年的周期，而现在具有重大影响的新技术可能只有三到五年的周期，这种周期的压缩实际上就要求所有的企业必须尽可能地提高运作效率，提升发展速度，从而确保能够跟上市场的变化。

所以，企业必须改变自己的发展策略，不要将市场扩张、规模扩张当成生存的唯一模式，不要信奉"大企业才能生存"的原则，一个大企业不一定能够击败小企业，但是快节奏的企业却往往可以战胜慢节奏的企业。在这种快节奏的市场竞争环境下，企业必须将速度当成发展的一个重要因素来对待。换言之，对于任何一个企业来说，为了应对新的竞争环境，就需要打造一支能够高效工作、快速反应、快速执行的作战团队，这支队伍一旦准确地把握住市场的脉搏，了解了未来技术或服务的方向，就一定要快速出击把握住机会。

不过，想要成为市场上的一条"快"鱼，并不是单纯地提升工作的速度，也不是提升自己扩张的速度，而是要从根本上将自己打造成一个能够快速发现商机并把握住商机的团队，这才是"快"的精髓，所有的步骤和方法、所有的策略和目标，实际上都是围绕着快速发现商机以及快速执行来设定的。

1. 保持紧迫感

对于一个致力于打造快速反应团队和执行团队的企业，首先就要提升团队内部的紧迫感，要建立起充分强烈的危机意识，通过增强紧迫感来促使所有的成员努力提升自己的工作效率。在一个团队中，只有所有人都意识到"我必须变快""我必须想办法走到所有人的前面""如果我的速度慢了下来，就会被对手淘汰"，就一定会想方设法寻找机会走到所有人的前面去。

事实上，很多企业的危机感都非常强烈，管理者时刻都在提醒员工一定要加快步伐，一定要保持高度的警惕，不能安于现状，不能放缓自己前进的脚步，防止被对手快速追赶上来。这些危机感的存在会给员工带来更多前进的动力，也会不断催促着企业快速实现调整、转型以及升级，从而应对更新更复杂的商业环境。

2. 打造更快的市场反应机制

一个企业想要变"快"，首先要拥有更快的反应，而这种反应首先是对市场变化的反应。换句话说，一旦市场上出现了什么变动，或者出现了新的商机，企业必须在第一时间内掌握相关的信息。那么由谁来关注和了解市场的信息呢？

关键还是要打造一个快速的市场反应机制，比如在华为公司，任正非建议"让听得见炮火的人做决定"，其实就是一种将权力向前线、向一线转移的方法，使得一线能够对市场情况做出快速的反应和决策。

这种模式对于企业有着很好的借鉴作用，尽管企业未必都要学习和打造类似的反应机制，但同样需要改变过去那种让管理者自己去了解市场，让领导者做出是否行动的决定的运作模式。很显然，为了对市场环境做出快速的反应，团队必须有效压缩层级，将决策权向最接近市场的人靠拢。

3. 创新是关键

在一个快节奏的环境中，在一个生长周期不断被压缩的时代，创新往往成为快速发展、快速把握商机的一个关键武器，因为创新能力本身就会创造新的市场、新的商机，因此创新力强的企业，往往都会进入"快鱼"的行列。此外，创新一旦形成一种文化，企业的内部运行会得到提速，而且更为活跃的思维会提升企业对于外界的感知能力，一旦有什么变动，企业必定会在最短时间内掌握信息。

所以，对于一个喜欢创新，而且创新能力非常突出的企业来说，它能够有效应对外界的快速变化，把握市场变化的周期，也能够有效把握住引领时代潮流的机会。

4. 提升工作效率，缩短执行周期

成为"快鱼"，不仅仅在于快速对市场做出反应，快速制定作战任务，更在于快速执行，相对于做出反应来说，快速执行才能够真正体现出"快鱼"的本色。第一个发现商机的人未必是最大的赢家，只有第一个把握商机、快速出击的人，才会成为市场上的主导力量。因此，企业有必要对自己的执行体系进行改革和调整，要注意提升工作的效率，尽量缩短周期，这样才能够赶在所有人前面，将商机转化成现实的利益。这种快速执行的能力，通常也具有很强的杀伤力，在对手尚未反应过来之前，往往就会予以致命的袭击，因此是非常有效的竞争方式。

需要注意的是，让企业成为"快鱼"，往往涉及方方面面的改造和提升，而且需要各个工作相互配合，才能真正起到作用，其核心就是速度。但是，把握速度并不意味着盲目追求速度，企业在快速发展的同时，同样需要考虑公司的工作效率，要考虑执行的效率，尽可能地将速度约束在一个合理的区间。比如：一个公司可能有五六个部门，如果每个部门的工作都挺舒服，内部合作非常默契，而且工作压力都不大，很有可能是公司的执行速度和发展速度太慢了；如果公司里的五六个部门，所有的工作都很

赶，所有的部门都矛盾重重，工作衔接不自然，效率低下，那么很有可能是因为发展速度太快了。一个优秀的执行团队，必须兼顾速度和效率，一般情况下，在员工有紧迫感，任务能够快速执行下去，且工作处于一个相对平稳的状态时，就是一个企业比较理想的发展状态。

6

好的团队需要一股"疯"劲

有一次,我去一家新能源汽车公司担当顾问,当时这家公司的发展前景很不妙,因为它的竞争对手直接投入了 20 亿元的资金,在海内外创立了四个人才培训中心,并且还花费巨资从宝马公司挖来了很多汽车制造工程师,并且准备成立新的研发中心。

当消息传来的时候,这家公司的老总当着我的面抱怨说:"对方是不是疯了?这是向我示威啊!"后来,这个老总经不住董事会的逼迫,下定决心花费 25 亿元的资金做同样的事情。其实,我是赞成这种行动的,但问题是很多企业喜欢将人才当成一个竞争的标签,却忽略了竞争的根本动力还是一种意识。我所担心的就是,企业可能会陷入"我的人才更多、更好"而非"我比你更加努力和投入"的竞争怪圈中。

从竞争的角度来说,这个世界所看重的,不一定是"谁比谁更聪明",而是"谁比谁更狠"。因为现在的企业都在寻找聪明人,企业的人才配置已经越来越高档,而不论是规划的制订,还是各种工作方法的改进,都日趋完善，所以所谓的"聪明员工"在整个竞争体系和环境中，并没有像过去一样，完全占据主导地位。就像谷歌公司和苹果公司一样，我们无法分清楚谁的员工更聪明、谁的竞争力更强。

硬件设施的不断强化和提升，使得企业的软实力变得日益重要，而且经常成为左右胜负的重要因素。而在这些软实力当中，竞争意识、竞争的欲望、竞争中的那股狠劲往往会成为最重要的战斗力。那么对于企业来说，自己是不是足够狠呢？是不是比竞争对手更狠呢？

换句话说，你是否和对方一样，拥有不达目的决不罢休的勇气？是否想过，如果一倍的精力不能成事，就投入两倍的精力？是否在所有人都退出之后，仍旧会在那儿傻傻地坚持？是否有过一整天都将时间花费在某项工作中的经历？

对于这一点，企业必须有足够的自知之明，同时也要懂得时刻提醒自己，这是一个战场，只有那些拼命的人才会生存下来。很多人都在说，一个为工作而发疯的人，往往很可怕，那么一个为工作而发疯的团队更是让人感到恐惧。

在20世纪90年代，很多中国企业不愿意和欧洲企业抢生意，因为多数中国企业都担心自己实力不足。可是进入21世纪之后，情况发生了改变，中国企业不再害怕欧洲人，反而主动和欧洲人争夺市场。因为随着技术的提升以及对人才的重视，企业之间技术层面的差距已经越来越小，此时中国企业的"拼"劲开始显示出竞争优势。几乎在每个国家和地区的市场上，中国员工的工作劲头都是最足的，加班加点几乎成为常态。这种非常规的投入是很多西方企业所不具备的，因此它们很难在竞争中占据优势，以至于当中国企业在全球扩张道路上越走越远时，大家都忍不住惊呼"狼来了"。

对于一个团队来说，就应该努力展示自己狼性的一面，应该将疯狂的特质尽可能地展示出来，只有这样，才能够获得更多的竞争优势。英特尔的前总裁安迪·格鲁夫更是认为："只有偏执狂才能生存。"他认为在如今这个世界上，随着竞争压力不断增大，人们想要生存下去，就必须有一股疯劲，就必须做出一些偏执的疯事来。尽管在很多人眼中，偏执而疯狂的人，往往表现得比较死板，缺乏灵活性，做事情不按常规，但实际上疯狂往往代表着一种更加坚定的意志，以及更大的积极性，这恰恰是竞争者最需要的特质之一。

所以，如果一个团队想要变成一个强势的竞争者，就需要给自己注入更多疯狂的元素，因为执行所倚重的就是一种更加专注的态度。

1. 疯狂地投入

华为公司当初在河南抢夺市场时，投入的人力是对手的10倍，这种投入的程度让对手们感到非常无奈，而这也是华为可以迅速占领更多市场的原因。对于一个执着于自身业务的团队来说，它必须时刻保证自己所做的要比对手们更多。如果一个竞争对手愿意投入10个人做一项工作，那么你应该投入15个人；如果对手每天花费10小时来做这件事，那么你可以花15小时来做这件事。更多的人力、物力、财力和时间，往往会增加竞争的优势。

2. 疯狂的激情

当一个员工将所有的心思都放在自己的业务上，并且乐此不疲地工作，那么他将有很大的机会将这项工作做好，可以说，激情往往是维持良好工作状态的催化剂。一旦员工长时间工作，就可能会慢慢对工作失去兴趣，甚至消极怠工。在这个时候，团队必须激发队员们的积极性，必须赋予他们更大的激情，只有工作热情更高，才有机会认真地将所有工作做得更加出色。

3. 疯狂地坚持

有的团队做一项工作，花了三个月也没有效果，可能会主动放弃；而一个优秀的团队不会因为眼前的压力而退却，只要看准了目标，认定了项目的可行性，就会疯狂地坚持下去，坚持三个月、六个月甚至一年，直到完成目标。坚持是一个优秀团队必备的素质，而在某些时候，疯狂的坚持更是左右胜负的关键。

4. 疯狂地进攻

一个好的团队，必须具备十足的攻击性，它不会在竞争环境中保持保守的态势，不会在竞争中保持温和的态度。对于任何威胁到自己的竞争对手，它都会不遗余力地发起疯狂的进攻，以便给对手施加更大的压力。所以在别人发起攻击之前，你就应该狠狠地咬上一口，然后是第二、第三口，直到对方毫无还手之力。听起来也许很冷酷，但这就是现代企业竞争的基本原则，也是一个基本规律，没有人会怜悯一个失败者，只有那些更具攻击性的强者才能够受到更多的尊重。

不得不说，成功通常都是由疯子来造就的，他们总能创造出一些疯狂的想法，想出一些稀奇古怪的点子，而更重要的是他们还像疯子一样去实践这些想法。如果一个团队能够把握住这种疯狂，能够注入更多的激情，那么它对任何一个竞争对手而言，都将会变得更具威胁性。

第八章
铸造果断强悍的核心领导层

决定一个团队是好是坏,往往不在于这个团队拥有多少出色的人才、拥有多少资源,而在于这个团队的领导者是谁。一个不合格的员工,可能会搞砸一项任务;而一个不合格的领导则可能会搞砸所有的工作。作为整个团队的管理者,领导对于团队的发展往往起着决定性的作用,只有拥有更加优秀的领导,才能够将所有的队员凝聚成一个整体,也才能够打造出更加优秀的执行团队。

1
一流的执行力首先要从一流的创意开始

从执行的角度来说，好的执行力比好点子更加重要，但并不意味着好的点子就不重要。实际上，对于一个执行团队来说，好点子是提升团队形象和实力的关键，而且好点子应该和好的执行力结合起来。

从企业或者团队的角度来说，它们肯定希望自己的策划方案非常完美，能够拥有一个非常新颖出色的方案，这对下层的执行工作能够起到重要的指导作用。很多时候，我们对于执行工作的过分重视，恰恰使得自己对策划失去了应有的关注，但仅仅有执行能力、执行意识还不足以让所有的工作变得更好。比如，当执行团队在面对一个平庸的方案时，往往也会"巧妇难为无米之炊"，它很难将这项工作做到令人惊叹。

忽略规划的重要性，忽略好点子所具备的执行优势，或者人为地分裂规划与执行之间的联系，显然不够明智。想要成为一个好的执行团队，团队就必须拥有出色的执行能力，而想要让执行队伍变得更加优秀，就需要团队的领导在战略规划层面做足文章。

我曾在一个商业论坛上和一个国内知名学者谈论过执行力的问题，那个学者提出了一个很有趣的假设：如果法拉利公司和兰博基尼公司的设计理念进行互换，这两家公司会生产出什么类型的汽车呢？

这个话题曾经引起了我们两个人激烈的讨论，但是我很快联想到一个老话题：这两家汽车公司依靠什么来赢得竞争呢？在技术上，两家公司都各具优势，而且都是世界最顶尖级别的；在执行层面，两家公司的执行力都很出色，也几乎都是依靠执行力来实现快速的发展和扩张的。因此两家公司唯一的竞争优势可能就是设计理念，换言之，在某一时段，哪家公司想出了更好的点子，它就更有可能在市场上占据上风。

所以，在我看来，对于执行力一般的企业来说，执行力的高低往往直接决定了竞争力的优劣，但是对于一些执行力出色的企业来说，真正决定竞争力的可能就是点子，就是规划和策略。谁能拥有更好的设想，谁的规划更具创造力，谁就更容易掌握市场竞争的主动权。如果将世界上最伟大、最优秀的几家公司进行对比，就会发现，这些公司常常在竞争中交错领先，而原因很可能就在于高层领导提出的那些创造性的理念。

法拉利和兰博基尼是这样，劳斯莱斯和宾利是这样，耐克公司和阿迪公司同样如此，它们更习惯了在更高层面的设计领域互相竞争，而不是比谁落实得更到位。从这方面来说，领导的策划和决策工作显得尤为重要。换言之，如果一个团队的领导拥有更高的战略目光，拥有更为先进的思维，拥有更具创造性的发展理念，很可能会将团队带入一个更高层次的发展阶段。

正因为如此，选择一个更有能力、更有想法的领导显得非常重要。或者说领导需要想办法提升自己的策划能力、思维高度，保证自己的规划变得更具有突破性。在微软公司，每一个员工在晋升的时候，都必须独立完成某一课题的研究，然后制定课题研究的报告，制订非常完善的规划。与此同时，他们必须对自己将来的工作提出一些好的意见和看法，制订各种计划，提供更加开放科学的理念。

对于微软公司来说，一个领导者将来最重要的工作就是制定最切合实际、最具发展空间的政策，这是主导企业前进和发展的一个关键能力，如果领导在这一方面的能力过于平庸，或者无法在任期内提出什么更好的理念，就可能会让公司陷入停滞状态。微软公司的这种方法其实适用于绝大多数的公司，因为能否提出一个好点子，能否制定更好的政策，原本就是领导能力考核的一部分，也是确保员工执行力得到最大发挥的一个基础。

而对于领导而言，想要提出更多的好点子，就需要拥有更强的个人能力和更完美的领导特质：

1. 开放性

如果想要拥有更加出色的点子，领导首先就要突破自己的地位、眼界和思维，努力保持一个更加开放的姿态，他必须用更加开放的心态来处理问题，必须用更加开放的心态来思考问题，这样才能够产生更多创新型的想法。与此同时，领导要懂得包容和接受外来的思想，要注意倾听其他一些不错的想法，以此来完善自己的政策。

2. 大局观

一个好的点子，并不一定要多么新潮、新颖，但是需要足够完美，它必须尽可能地囊括各种要考虑的要素，存在的优势、劣势以及潜在的风险。从这一个角度来说，领导需要拥有大局观，需要从全局来考虑问题、分析问题，然后才能制定出更加完善、合理的策略。

3. 魄力

设计出一个更好的点子并且下达相关的命令，这对任何领导而言，都是一个极具挑战性的工作，尤其是一些突破性的点子，可能会存在一定的风险，会遭受更多的非议，或者因为缺乏经验而难以判断是否可靠。而领导需要对此做出判断，需要拥有强大的执行力和魄力来下定决心是否应该执行下去。通常情况下，那些胆小怕事的领导只会按部就班，提出一些安全但却毫无新意的观点和政策来敷衍。

4. 学习

对于领导来说，任何一种能力的提升都是通过学习来获得的，如果企业对领导在策划方面有更高的要求，那么领导首先要做的就是不断学习，通过学习和训练来提升自己的策划水平。而无论是向别人请教还是进行专业的学习，都能够有效地提升他们的策划能力。

其实，无论采取何种方法，领导都需要明白一点，执行力固然是企业发展的基本保障，但是只有搭配上更完美的创意、更出色的策划，才能够真正发挥出更大的价值，而这其实也是执行体系中的一个重要部分，任何一个执行团队都不能将其从执行文化中分离出去。

2

增强上级的影响力与动员力

在评判一个领导是否足够出色的时候，往往会看重两个词——"影响力"和"动员力"，它们是领导力的一个重要指标。所谓影响力和动员力，其实更偏向于一种内在的牵引和引导，即一个领导对员工所能产生的作用力。

影响力、动员力是非常宽泛的概念，但从本质来说，还是领导者个人素质的体现。首先，它体现出的是强大的个人能力。一个能力出众、带队成绩出色的领导，他在工作中往往更加具备说服力，因为大家都会服从强者。就像在现实生活中，没人会去崇拜一只羊，而只会膜拜狮子一样，从本质上来说，我们都渴望成为狮子。而且能力越强的人越容易带来一种压迫感，这会成为周边人不断提升自我的一个动力，毕竟大家都希望能够跟得上他的脚步。从这几个方面来说，能力永远是展示个人形象的最佳道具，能力越强的领导，在员工心目中的地位也就越高，影响力也会越大。

其次，这是个人魅力的体现。如果领导足够自信，办事有魄力，在人际交往过程中，谈吐不凡，真诚有涵养，那么他在工作中往往会吸引更多的关注度。事实也证明了，那些具有个人魅力的管理者，往往更能够管理好自己的团队，因为个人的魅力更容易让员工产生情感认同，因此常常会主动迎合领导的需求，会乐于听从他们的引导和调度。

曾经有人问我，谁是最佳领导的模板，如果仅仅从这两个方面来考虑，那么克莱斯勒的总裁艾柯卡几乎完美契合了标准。艾柯卡原先只是福特公司一名普通的汽车销售员，但是依靠着出色的个人能力，他很快成为华盛顿特区的经理，接着被调到福特公司总部，担任汽车和卡车两个销售部的经理，之后福特高层就正式任命他为公司的副总裁，还把他推上总裁的宝座。艾柯卡还因为出色的能力，成了福特公司最具影响力的人，有些人认为他就是福特公司的活招牌，而这显然让福特公司的大老板亨利·福特感受到了威胁，所以他很快就宣布将艾柯卡开除出去。

这次的离职让艾柯卡跌入人生的低潮，但他很快进入了克莱斯勒公司担任总裁，由于公司当时几乎濒临破产，而且管理混乱，艾柯卡不得不进行改革，还主动给自己降薪到一美元，同时鼓励所有人积极投身到工作当中来。大家纷纷被他的个人魅力所打动，于是也纷纷降薪，跟着他一起努力。结果几年之后，克莱斯勒就从一个濒临破产的公司成为和通用、福特并列的汽车企业。

从艾柯卡身上，往往可以看见一个优秀领导应该具备的影响力和动员力。很多企业家都认为，一个领导只有做到内外兼修，只有在硬实力和软实力上都保持高水平，企业的管理才会变得更加合理、高效，所能产生的号召力也绝对会变得更强。

对于其他的企业家或者老板而言，并非一定要成为艾柯卡，但一定要有自己的撒手锏，一定要有更为有效地引导和控制他人的能力。而从执行的角度来说，任何一个领导者都需要想办法让自己与执行者之间建立起一种更为紧密的联系。

1. 能力提升

既然能力是影响力和动员力的一个重要因素，那么领导就必须率先在个人能力方面寻求突破，包括专业领域的技能、管理能力、协调能力、决策能力等。没人要求领导也像员工一样成为技术领域内的专家，但是作为制订规划和做出决策的那个人，领导必须提升自己的管理能力，规划能力或者决策能力。为了确保员工愿意听从自己的意愿去行动，他们首先必须保证自己制定的各种目标和规划，以及下达的各种命令，处于高层次的水平上，确保自己的管理水平能够让员工放心。当员工认为"这是一个馊点子"或者抱怨"老板究竟是干什么吃的"时，管理者的影响力根本就无从谈起。

2. 个性化的领导力

一个好的团队，首先必须具备自己独特的气质和标签，而这种气质往往从领导身上开始传播，因此领导不能太过大众化，他必须拥有自己的一些想法、自己的语言标示和自己的一些棱棱角角。有的领导非常幽默，有的领导自信大方，有的领导风度翩翩，有的领导喜欢做一些别人不愿意做的事情，这些都是个人魅力的一种表达方式，一旦员工接受并喜欢上这些标签，领导就能够更好地管理和引导员工去完成公司的任务。

3. 主动了解员工

从人际关系学上来说，当一个人试图影响他人的行为时，首先要做的就是主动去接近对方、了解对方，因为只有越接近和了解对方，所产生的作用才会越大。在团队中同样如此，领导也许习惯了下达命令，习惯了等着员工来找自己，却往往忽略了一点：主动性是拉近人与人之间距离的最好方法。其实，领导平时能够主动接触员工，多了解一下他们的工作状况，沟通一下工作方法，多关怀员工的生活，这样就会增加自己在员工生活中的分量，而这种接触和融入会在潜移默化中影响员工对领导的看法，并提升领导的作用。

除了一些自我提升和改进之外，领导为了维持或扩大自身影响力，往往还需要借助公司的制度，只有将一切行为束缚在制度的管理之下，只有将制度作为管理的基础，才能确保员工更加信服。所以，一个出色的领导，会适当强化制度管理，并在此基础上引导和吸引员工一步步走向成功。

3

打造共同的执行文化

一个企业的成功，往往不是因为某一个人，也不是因为某一少部分人，企业的成功通常具有鲜明的群体烙印。换句话说，它的成功往往是因为群体具备某一种特质，整个团队都具备某种文化属性。

对那些成功的企业进行分析，就会发现真正促使它们变得更加强大、更加繁荣的东西，往往是团队文化，这是团队的标签，也是凝聚团队、引领团队的最佳利器。沃尔玛的成功肯定不只是因为老沃尔玛能干，不是因为他一个人就能够创造无数的财富，尽管沃尔玛家族的所有人几乎都展示出了非同一般的能力，但是沃尔玛能够成为世界上最强大的零售商，主要原因在于沃尔玛家族给所有的部门和员工都注入了一种文化信仰——"顾客始终是对的"。而希尔顿酒店之所以能够将连锁酒店开到世界各地，也不仅仅是因为希尔顿先生魅力四射，而是因为他将"微笑服务"传染给了每一个员工。

IBM公司的董事长兼总经理托马斯·沃森曾经写过一本书——《一个

企业和它的信念》。在书中，他回顾了他父亲老沃森创建公司几十年成功的历史，并依据这种成功的经验提出了三个要点：第一，任何组织要生存和取得成功，必须有一套健全的信念，作为该企业一切政策和行动的出发点；第二，公司成功的唯一最重要的因素是严守这一套信念；第三，一个企业在其生命过程中，为了适应不断改变的世界，必须准备改变自己的一切，但不能改变自己的信念。这些信念其实就是企业文化，就是IBM团队共同的文化属性，而IBM公司正是依靠着企业文化和信念打造出了世界上最强大的执行团队。

可以说，伟大的公司拥有伟大的企业文化，优秀的执行团队同样拥有优秀的执行文化，这几乎成了所有企业发展的一个基本规律，而这也是那些企业一直都想方设法地去打造属于自己的企业文化的原因。而打造企业文化，打造执行文化，是每一个企业家或者老板都需要重点解决的问题，因为只有拥有共同的企业文化，才能将所有的员工统一起来、团结起来，促使所有执行者都按照固定的要求顺利完成工作。良好的企业文化能够有效促进企业的发展，引导企业的前进方向，并确保企业可以在一种更加稳定的状态下一直发展下去。

在很多时候，企业都不太注重企业文化的作用，觉得只要付给员工报酬，然后让他们按照要求工作，就不会有任何问题。很多企业会发现一开始支付员工更高的工资，还能对员工产生吸引力，但是到了后来，即便公司付出更高的薪水，员工的工作积极性也不可避免地会下降，工作效率会变得更低，而且公司会慢慢陷入一个比较混乱的状态。之所以会这样就是因为缺乏合理的企业文化和执行文化，以至于员工的价值观和工作观很容易出现摇摆，他们对于工作的兴趣自然会随着工作的深入而不断下降。如果管理者注重对执行文化的打造，确保所有的员工都能够形成一种文化共识，就能够主动提升自己的执行力。

另外，从管理的角度出发，最佳的管理方式应该是员工的自我管理，而实现自我管理的前提就是打造共同的执行文化。只有具备共同的文化特征，才可以有效实现内部的统一，从而促使所有人形成一个真正的团队。

尽管企业文化不能像技术和其他资源一样直接产生经济效益，但它对于一个企业的影响力却更加广泛、更加持久。对于一个企业来说，任何东西都会过时，资金、技术、人才甚至管理者本人都会被淘汰和更替，但有一样东西不会被淘汰，它就是团队的企业文化。技术和资金也许可以帮助企业赢得一时的竞争优势，但是唯有企业文化可以确保企业基业长青，因为作为企业最重要的一个法宝，无论企业如何变化，企业文化都会被继续传承下去，而且还会一步步发扬光大。

正因为企业文化具备这样的作用，团队管理者必须要想办法打造一套完善的执行文化，以此来完善自己的管理体系，并统一内部的文化基因。而执行文化实际上就是一种执行习惯和意识，是企业团队由内而外散发出来的一种状态和态度，拥有良好执行文化的企业，员工的自发性比较强，执行力会显著提升。在打造执行文化的时候，管理者必须弄清楚几个要素：执行力在企业中的地位和作用；员工的工作态度和行为习惯，以及企业的制度规范；好的管理团队。这三者相辅相成。

1. 完善相关的管理制度

企业文化是软性的东西，它所起到的作用是引导和同化，而不具备强制性，如果有人不认同或者不接受这种文化，文化的存在就会失去价值。在这种情况下，就需要通过硬性的制度来进行保障，以促使所有人去遵守和接受这些文化。作为企业文化的一部分，管理制度的制定往往显得很有必要，在打造执行文化时同样如此，如果没有各种制度进行约束，企业的执行文化会变成一个空洞的口号，下属的执行力也难以得到基本的保障。

很多员工第一天能够坚持早上 8 点上班，可是第二天可能就迟到了，这就是作息意识的薄弱，而多数人的自觉性都是很脆弱的，很容易受到外在的影响，一旦他们觉得某件事可做可不做，或者不太在乎的时候，就很容易放弃。如果适当利用制度来加以规范和约束，无疑会对员工养成好习惯带来帮助。比如，当公司制定合理的作息时间表，并制定了严格的考勤标准，一旦有人触犯和违背规定，就会面临罚款和扣除奖金的惩罚，那么员工就会相对地减少触犯风险的机会，并在制度的约束下慢慢接受和强化按时上下班的意识。

2. 将执行力当成企业文化的一个重心

任何一个企业文化，都需要一个或多个核心内容，通常包括企业的经营宗旨、管理理念、人才理念、企业口号、企业发展远景和愿景等，如果企业想要打造独一无二的执行文化，首先就要在内部强化执行力的地位和作用，把执行力当成一个重要的元素来对待。

需要注意的是，企业文化既不是指企业搞文化活动，也不是指企业搞形象设计，它所指的是人的价值理念，即人们在价值理念上对企业制度安排及企业发展战略的认同。所以要从人的价值理念出发，将执行力当成企业文化的核心内容来对待。

3. 打造更好的执行团队

需要强调的一点是，企业的执行文化建设事关整个团队的利益，因此必须确保每一个成员都积极配合。

首先，员工是打造执行文化的基础，基层员工的执行力表现就是对企业执行力文化是否完善的最好检验。因此，管理者必须了解基层员工的执行状况，弄清楚他们的能力值大小、员工间是否可以团结互助完美协作，并掌握员工执行工作任务的态度。管理者需要及时了解这些信息，并将基层员工执行力文化的强调与升华当作一个必要的考虑因素。

其次，企业的中层处于一个关键位置，上级制订的规划和安排，能否顺利地被下层人员执行下去，关键在于中层的传达是否足够准确，管理是否到位。作为高层和基层的纽带，其一方面要尽可能地将上层的意愿传达清楚；另一方面也要尽量做好基层执行状况的反馈工作，从而保证高层随时掌握执行动态。而且中层管理者自身就是执行者，他们的一举一动往往影响着基层员工的士气和态度，因此他们必须尽量做一个好榜样。

最后，在打造企业的执行文化时，一定要重点发挥高层的指导作用，作为决策层，他们必须给予企业战略性的指导，为企业的执行工作指明方向和目标。所以高层管理者必须认真对待自己的工作，同时努力做好带头作用，用实际行动来引导下层人员尽量将所有的工作做到位。

在打造执行文化的过程中，不同的阶层需要做好自己的分内之事，同时相互配合，从而确保每一次的项目执行都能够准确完成。

4

别让你的员工摸不着头脑

我在加拿大的一个朋友，曾经提出了一个非常有趣的观点——"执行力迷失"，在他看来，企业内部经常会出现员工接到命令后不知道该做什么的现象。听起来有些矛盾，不过在现实生活中，执行力迷失的情况的确比较普遍。

首先是目标迷失，即员工不知道自己需要做什么，需要把握哪一个目标。出现这类情况的原因，往往在于：

第一，老板一次性下达几个任务、制定几个目标。

第二，公司政策朝令夕改，老板变卦太容易。

第三，老板提出的目标不切实际，或者和所做工作关系不大。

很显然，目标的多样化会让员工感到很为难，他们必须想方设法弄清楚哪一些才是最重要的，哪一些是次要目标，或者说，必须弄清楚自己最先做的应该是什么。这在一定程度上会让员工的执行力受到影响，对于各种目标的纠结，会使他们疲于奔命。

而朝令夕改的安排往往最伤人，作为接受命令的执行者，他们没有权利去质疑上级的安排和想法，但是一旦老板的想法出现频繁改动，就会对具体的执行工作带来麻烦，员工会因为老板的不确定性而感到困惑和不知所措。

如果老板的目标明显不合情理，或者说和自己所要做的工作根本搭不上任何联系，那么员工在执行的过程中就会对自己的工作目标产生怀疑，也会对自己最终的执行效果产生怀疑。

通常情况下，我们会格外注重对员工执行意识、执行能力的培养，却忽略了对团队管理者的培养，忽略了上级可能会犯下的一些错误。换句话说，当执行结果不那么让人满意的时候，我们会自然而然地说"员工将工作搞砸了"，会自然而然地认为"员工没有认真理解老板说了些什么"，但是事情的真相可能在于老板并没有将自己所要表达的东西说清楚，并没有给员工一个准确、合理的指令。

在美国一家新能源制造公司内，我曾经看到一个有关领导力的小册子，其中有一条非常显眼："别让你的员工摸不着头脑。"看到这个标语，我突然想起了一句话：如果一群羊走丢了，那么只能证明领头羊犯了迷糊。在企业中，如果一群员工在执行任务的时候迷失了，那么只能说明项目的负责人或者老板本身就已经迷失。

实际上，在多数企业中，员工都处于被动和服从的状态，他们并没有太多自主思考的必要，也没有太多自主思考的余地，因此绝大部分时间里，上级的指示都是推动他们前进的一个主要动力。而这样就更加凸显出了科学合理安排的必要性，更加凸显出领导判断力的重要性。如果老板想法太多，缺乏主见，目标模糊，员工就很容易失去前进的方向；如果老板不能指定一个正确的方向，员工最终就会变成无头苍蝇；如果老板没有给出一个具体的目标和方案，那么员工在一定程度上可能根本搞不清楚老板在想些什么，也不知道自己具体该做些什么。

所有事情的关键在于，对于任何一个老板来说，他们必须意识到一个根本性的问题：执行力一定是从自己这里开始的。尽管员工才是执行的主体，但是推动这项任务往前走的必须是老板本人，必须是整个项目的负责人和管理者。因此，他们需要对所有的执行者负责，而且必须拿出更具可行性的方案，这里所谓的可行性，其实包括三个方面：明确的、可理解的、有价值且可以实施的。

1. 任何一个命令必须是明确的、唯一的

在整个企业中，也许企业家就是国王，可能他们是这么认为的，所以他们有足够的权力说出自己想说的，安排别人做自己想要做的，他们自以为员工会实现一切他想要实现的目标。但盲目地提出要求，或者一次性提出几个不同的要求，实际上是一种不负责任的做法，对于企业的管理也根本不会有任何好处。

企业家有能力去支配更多的资源，但他们的员工每一次只能去做好一件事情，这样就决定了他们必须在任务的明确性和唯一性上做文章，从而给员工更好的指示。

2. 任何一个命令都必须被员工所理解

老板总是理所当然地说："你们去做这件事吧！"对他们而言，在办公室里下达一个指令甚至比打开空调还要简单，但也因此忘记了提醒员工："你们是否理解我的意思？"而这通常很有必要，因为并不是每一个员工都能够理解老板的想法，尤其是对老板心血来潮的某些决定。

这并非在谈论两种不同的文化系统，但老板和员工在意识层面的差距很可能会存在，所以沟通和交流是很有必要的，员工必须想方设法将老板的意图吃透，而老板同样需要更明白地说出自己的想法，只有当员工理解老板到底说了什么、到底想要什么，才能够真正去做好这些事。

3. 言之有物和言之有理

任何一个安排的实施，任何一个创意被付诸实践，不能仅仅因为它是

老板制定的，更重要的还应该在于它的合理性，在于它的价值。不得不说绝大多数的老板总喜欢产生一些新想法，总喜欢谈论一些新的可能性，但任何一种想法都必须经得起推敲，这样才能够更好地执行下去，如果老板的想法和规划毫无道理，而且完全违背了事实情况，那么员工在执行的过程中自然会陷入困惑和无助当中。正因为如此，老板在下达指示时，一定要注意自己所说的东西必须合理，而且也必须说出一些有价值的话来，这样才会真正引导员工的行动。

总的来说，老板必须对自己的观点、想法以及指令负责，公司必须对制订的各项计划和目标负责，在下达命令之前，不仅要做好可行性的研究，还要尽量和员工进行沟通，防止员工在执行的过程中因为难以理解公司的意图而做出错误的判断。所以，老板必须明白自己需要什么，同时也让员工明白公司需要什么，从而为员工理出一个更加清晰的思路。

5

合理统筹：让正确的人按照正确的方法做正确的事

如果要选择一个最佳的团队，那么唐僧师徒的西游四人组无疑是一个不错的选择。也许很多人会提出反对意见，毕竟在多数人的印象中，孙悟空虽然有能力，但是脾气暴躁，有时候不服管教；猪八戒好吃懒做，而且喜欢抱怨；沙僧本分老实，能力有限；而唐僧是一个软弱无能的领导，根本没有办法管理好大家。将每一个人独立起来说，事情看上去的确是这样，可是如果将这个团队当作一个企业来看，就会发现这个团队之间的默契。孙悟空能力出众，敢作敢为，是最佳的攻坚能手，负责打头阵；猪八戒虽然好吃懒做，但是善于活跃气氛，协调人际关系，因此适合安排在唐僧身边牵马；沙僧能力平庸，可是为人踏实听话，是非常好的执行者，最适合挑担子；至于唐僧，作为团队的领导，他能够有效地将所有人都融合成一个整体，而且还有办法让每一个员工听命于自己。从团队的配置来看，这个四人组合实际正好实现了互相补充，而且每个人都按照自己的方式在最擅长的位置上发挥作用。

一个好的团队并不要求每一个人都是精英，并不要求每一个人都能独当一面，就像一个企业一样，如果每个人都是生产研发的天才，企业的生产就会陷入混乱；如果每个人都是销售的能手，整个市场就会被搞乱；如果每个人都是出色的管理者，整个团队的管理体系就会崩溃。真正优秀的团队，靠的不是优秀人才的堆砌，不是优秀人才的强强联合，而是不同类型人才的绝佳配合。简单来说，就是安排最合适的人在合适的岗位上，以实现最佳的配合效果。

尽管每个团队都希望拥有更多的人才，但一个聪明的管理者，善于按照自己的岗位安排来组建团队，而不是依据人才来组建团队。也许每个岗位上的人都不那么优秀，但是只要适合这个岗位，只要工作方法得当，就同样可以通过完美的配合来产生巨大的能量。相反，如果给每个团队都匹配一个精英，可是却根本不适合这份工作，那么最终可能会将工作搞砸。

管理学的主讲鲁本教授问了同学一个问题：管理者最应该掌握哪一种知识？同我设想的一样，多数人都在回答："管理学理论知识。"鲁本教授对这样的答案并无异议，但他给出了一个更好的答案——统筹学知识。

在企业管理方面，这是一个陌生的理论，但实际上企业管理人每一天都在接触这门学科，包括时间的统筹安排、不同工作的合理规划、各种资源的匹配和调度等，这些都属于统筹学的范围，而组建团队实际上也离不开统筹学。那么团队该如何统筹安排员工的工作呢？最简单、最有效的就是安排最合适的人依照最合适的方法来做最合适的工作。

记得在20世纪90年代后期以及21世纪初期这段时间，很多中国企业都想方设法从外国引入高端人才。博士的高学历、西方大企业的工作背景，以及非凡的专业技能，这些几乎成了外来人才的重要标签。尽管如此，当这些外来的博士真正开始工作后，这些企业突然发现对方根本不适合在这些岗位上工作，他们所带来的方法根本不管用，也产生不了多大的价值。

因为盲目扩张，从外国引入人才几乎成了一大浪费，而这也让更多的企业家意识到：一个好的团队并不需要最顶尖的位置，只需要在每个位置上都安排最合适的人，只有如此，这个团队才可以依靠完美的协作来实现功能和价值的最大化。

而这种统筹，往往需要把握三个基本要素：

1. 最合适的人

企业需要人才，需要顶尖人才，但并不意味着顶尖人才就是最好的选择，在一个团队中，人才配置讲究的是实用性、适用性以及默契度。能力很强的人大有人在，但是配合好的可能就寥寥无几。所以所谓最合适的人，实际上指的是能够真正产生价值，且能够与他人形成默契的成员。对于管理者来说，不同部门、不同岗位上都需要安排最合适的人选，这样才能确保所有的工作能够形成一个整体。

2. 最合适的岗位

大象的力气很大，但是让它来耕田或者拉磨，可能就会将工作搞砸。在团队中也是如此，大材小用或者小材大用都会带来严重的问题，只有针对每个人的能力和特点，进行合理的安排，才能确保人尽其才、物尽其用。因此，对于任何一个团队管理者来说，不仅需要精心设计各种岗位，同时还要将不同的员工安排在合适的岗位上，以实现职位和人员的最佳匹配。

3. 最合适的方法

一个好的员工搭配一个好的职位，并不意味着就能产生好的结果，关键还要看方法是不是正确。如果方法不正确，处理问题的方式不合理，工作的效率就会大打折扣。对于管理者而言，虽然并不能完全要求执行者按照某种事先规定的方法去工作，但依旧有必要提醒和引导执行者，采取最适合的一种方法来做好自己的工作。

这三个要素相互联系，互相约束和补充，在组建团队的时候，绝对不能独立来对待，而应该有机地统一起来，应该想办法将其统一在一种团队模式下。而它们其实也代表了三个问题："是否有能力选拔合适的人才""如何去信任人才""如何确保人才价值最大化"。把握好这三个问题，是领导最基本也最重要的工作，也是一个团队真正创造价值并走向成功的基础。

6

上级要主动参与团队事务

前年，我在北京举办人力资源管理培训的活动，来自各地的很多中小企业家前来咨询企业管理事宜，其中很多人都在寻求打造一支强大队伍的秘诀。可是每次我一询问企业内部的工作状况时，这些企业家就一问三不知，很多人不知道公司究竟有多少人，不知道具体的工作管理制度，也不了解基层工作的进度。

很显然，这些企业家并不是没有好的管理办法，而是根本就没有尝试着去了解自己的公司。所以后来，我给了他们每个人一个答案，那就是多参与团队事务，因为只有更多地参与到团队的工作中去，才有机会了解发展的详情，从而更好地制定管理的策略。

无论做什么事情，如果想要改变它，首先就要去了解它。一个领导者如果想要打造出一支强大的执行队伍，就需要更多地接触团队的事务，接触团队中的成员。"创办一家公司，然后什么也不管，就让别人帮我挣钱"，这种创业模式显然已经跟不上时代的发展了。很多企业家从创业开始，就很放心地将所有的工作都交给自己信任的人来打理，但交给别人打理并不意味着自己可以完全抽身，作为公司的负责人，他必须更有效地扩展自己的职责范围，必须和公司建立起更加直接、更加紧密的联系，他有责任去了解整个团队正在做的事情，以及将要做的事情。

换句话说，老板绝对不能游离于团队事务之外，作为管理者，他不仅要监督和管理所有人，还需要对所有的工作负责，这是领导自身需要背负的一个基本责任，脱离了这个，他和企业之间所有的关系都将变得很脆弱。

一个什么活儿也不干的老板，永远不要期望他的下属会卖命工作；一个什么也不管的老板，不要指望有人会完完整整地将好结果放在他的面前；一个对团队发展毫不关心的领导，不要指望能够打造一个强大的执行团队。因为一旦选择了当一个彻彻底底的旁观者和陌生人，那么整个团队也会和老板越来越疏远。

所以，对于老板来说，必须更加主动地参与到团队工作当中去，必须花更多的时间在团队内部的管理工作上。他必须在实际行动上证明自己不仅仅是团队的负责人，也是整个团队工作的实际参与者，是团队中的一分子。不过想要证明这一点，老板必须在工作中认真反省一下，看看自己是否真正尽到了相应的义务。

1. 是否会参与制订那些最重要的规划

任何一个老板都需要明白自己在团队中的地位和作用，尽管他们不太可能参与到那些小事情当中去，但对于一些重要的规划，他们必须参与其中，并下达执行任务的命令。这样做往往更能够体现出一个老板在团队中所要担负的责任，这对于领导力的提升有很大的帮助。

需要注意的是，很多老板往往会认为自己缺乏专业能力，不会也没有必要参加制定规划的相关会议。但实际上他有必要去了解整个讨论过程，也需要成为最终的决策者。也许他可以授权给代理人，但代理人同样需要及时向他汇报所有的工作情况。

2. 是否注重与员工的互动

对于一个合格的老板来说，他必须在自己和员工之间建立起更为亲密的联系，因为员工是执行命令并完成老板意愿的人，一旦和员工沟通不足，所有的执行工作就可能陷入瘫痪。所以老板必须懂得经常和员工进行沟通，这种沟通不仅包括工作当中的意见交流，也包括必要的反馈与监督，通过这种工作交流，领导可以进一步了解工作状况，也会给员工带去更大的工作动力。

3. 是否经常进行检查

老板不一定会参与到工作当中，但是这并不意味着他们就要将所有的工作抛诸脑后，无论他们有多忙，无论他们的授权人将团队工作管理得多么出色，身为团队的一员，他有义务了解工作的进程，有责任了解团队发展的现状，因此必须经常性地进行走访，尤其要进入基层进行走访，从而掌握第一手资料和信息。

4. 是否会为实现目标而创造更好的工作条件

无论是直接还是间接参与团队工作，老板都需要做出自己的贡献。如果老板足够负责任，就会想尽办法为目标的实现创造更好的环境，就会想方设法帮助员工解决一些执行过程中的难题，也会想办法改善工作流程和管理方法。所以，当一个老板不仅仅是下达命令，而是和大家一起努力提升工作效率时，团队的凝聚力会变得更好，执行力会变得更强。

5. 是否愿意出面协调纠纷

很多企业中会出现内部纷争，之所以出现这些问题，往往是因为老板对不同利益群体之间的纠纷不闻不问，结果导致内部矛盾不断被激化。虽然老板没有必要也没有时间对任何一件鸡毛蒜皮的争吵都进行协调，但对于一个负责任的老板来说，一旦事态变得更加严重，或者有造成内部分裂的危险情况出现，他们就有必要站出来掌控一切，这时候就需要及时对不同利益的群体进行协调，帮助大家重新融合成一个团队。

尽管，不同的老板在团队事务当中所扮演的角色不尽相同，所做工作也有多少之分，但无论如何，把自己当成团队的一分子，始终是一个最基本的认知。如果要给好老板制定一个标准，那么主动参与团队事务，应该是一个最基本的原则，可以说，这是每一个企业家都需要做到的事情。只有让自己更多地融入团队中去，只有经常去关注团队内部的工作，关怀所有团队成员的工作和生活，才能够真正去了解企业最缺什么、最需要什么、最大的问题是什么，这样老板就可以有效地制订更为合理的计划，也能够更好地引导员工做好相应的工作。

7

一个合格的上级首先懂得保持自己的权威

在很多时候,企业家容易将权力和权威混淆成一个概念,他们认为权威就是建立在权力的基础上的。比如当所有的员工对自己感到害怕时,企业家们通常会认为这就是权威;当他们下达指示,并且强制要求所有人按照要求行事时,会认为这就是权威的体现。

但实际的情况可能在于这仅仅是企业家们的一种误解,只是一种良好的自我感觉而已。从字面意思来说,权威和权力根本就不能等同起来,因为权威是对权力的一种自愿的服从和支持,在这个概念中,最重要的一个词是"自愿"。可以说权威并不是企业家释放权力来增强影响力的表现,而是接受管理的人对于权力机制的有效反馈。

这样的差异性往往会造成不同的局面,同样是上级,有的人备受爱戴,别人都愿意服从他的安排,他在公司内部的声望很高,管理成绩也非常出色;而有的上级,缺乏足够的影响力,员工不愿意为他工作,也不愿意听从他的安排,团队的氛围并不好,工作效率也不高。

正因为如此，影响力不足的领导，必须改变自己过去的错误认知，必须重新定位自己的位置，重新调整自己对于权力的看法。那么什么样的领导才有权威，或者说权威主要体现在什么方面呢？

一般情况下，上级的权威与凝聚力、号召力、影响力有关，这三个能力应该是衡量上级权威的基本要素，而它们通常体现在具体的工作当中：

1. 赏罚分明

领导的权威通常来源于管理，因此管理活动最能体现出一个领导的权威，而在管理中，对人的管理是重点。也就是说，对于下属的管理最能体现出领导个人的权威。那么什么样的管理方法才是最合适的，也最能体现出权威呢？

答案就是赏罚分明。赏罚制度是领导管理员工的基本制度，其中体现的纪律性、公平性都是和权威息息相关的。因此，作为团队内的管理层，领导必须要做到赏罚分明，确保制度的权威性，从而保障自身的话语权会受到大家的尊重。

2. 办事果断

通常情况下，企业内部的领导如果缺乏主见，办事犹豫不决，经常反悔，他在员工心目中的地位和形象必定不怎么高。美国耶鲁大学曾经做过调查，发现那些有胆识、有魄力，做事果敢坚决的上级，更容易赢得下属的爱戴，而那些没有主见、行事拖沓、意志不坚定，且喜欢朝令夕改的老板，员工通常不愿意为他们工作，而且服从的意愿并不强烈。

很显然，果断的人通常都会建立起一种威信，因为做事果敢坚决的人，别人往往更容易愿意相信他的决定，愿意相信他的感觉和判断。更重要的是，果断还会提升自信和士气，在此影响之下，可能会收到更好的效果，从而赢得下属的信任。

3. 做好榜样

权威首先源于一种信任，只有赢得下属的信任，只有自己的行动力具备足够的说服力，才会在所有人的心中树立起更加高大的权威形象。而赢得信任的关键在于榜样，这才是最具说服力的做法。

在企业中，老板经常会让员工做这做那，或者要求员工遵守各种规定，但实际上他们自己可能从来都没有做过这类事情，也没有认真遵守过什么规章制度，这样就会失去大家的信任，他们的权威也会下降。所以，想要提升权威，想要让自己变得更具威信，首先就要在行动上做好榜样，这样员工才能真正做到上行下效。

4. 能力和成就

无论是自然界还是社会，任何一个团队都是由能力最强的那个来带领的，只有能力得到认可，整个团队的生存才会得到保障。如果企业的领导缺乏能力，也根本没有什么拿得出手的成绩，就很难赢得团队成员的认可，很难让员工从心底里服从自己。换句话说，领导必须提升自我，必须想办法将自己的能力提升到一个更高的水平上去，以做出更加出色的成绩，这样才能够提升他的影响力。

总而言之，一个有威信的管理者并不是有事没事就在办公室里大声训斥，也不是将自己凌驾于员工之上的人。他们的威信是建立在个人能力和魅力的基础上的，而不是依靠职位，因为对他们来说，在管理方面，保持健康的良好的管理者形象远远比依靠职位更有效。

此外，管理者个人的权威和企业的整体发展状况息息相关，除了要在企业中树立正面的形象，同样需要打造更为合理的管理体系，让管理者的权威能够有效展现出来。

8

定期检查下属的执行力

对于领导来说,他的任务不仅仅是制订规划、下达命令,他还需要定期去检查下属的执行力,这是领导权责范围内的工作之一,只不过很多时候会被习惯性地忽略。其中最主要的原因就在于,领导通常认为一个命令可以决定一切,下属一定会按照这个命令把事情做好,或者认为自己只需要下达一个命令即可,其他的事情不用考虑。

不过,需要注意的是,任何一个命令都不可能完全左右执行者,在执行的过程中,甚至在传达命令的过程中,都有可能出现各种干扰因素。领导必须弄清楚自己的员工是否有能力去完成这些工作,他们是否真的能够完成这些工作。

一个负责任的领导不仅仅需要代表老板下达命令,他最重要的一部分工作还在于检查下属的执行力,这是整个执行体系中不可或缺的一环,也是团队管理者需要担负的责任之一。

2014年,我受邀帮助一家外贸公司整改团队,由于公司的执行结果和预期的目标常常会出现一定的偏差，公司的老总希望我能够找出原因。而公司的部门经理则坚持认为自己的下属出了问题，他怀疑有人偷懒，或者不按命令做事。

一开始，我将目光锁定在员工身上，并且一连观察了好几天，可是却没有发现太突出的问题，虽然员工的能力参差不齐，但是在执行态度上并没有什么太过分的表现。依据过去的经验，我觉得公司的执行者总体上并没有什么太大的过失，也许出现一两次结果上的偏差还情有可原，但是经常性地出现偏差，这显然不合情理。

为了更好地了解员工的执行力，我向这个部门经理提出检查一下每一个月的执行力总结报告，我觉得如果员工真的有执行上的问题，那么一定会在每个月的总结报告中提出来。可是当我提出这个要求时，部门经理表现得非常惊讶，因为在过去的五年时间里，他从未有过任何月总结报告，只是在年底的时候，要求每个人对自己一年的工作做一个总结。

我想问题可能就出在这儿，毕竟一个企业如果连最基本的总结报告也没有，那么员工的工作又如何得到规范、引导和修正呢？也许是发现我已经察觉到了什么，这个部门经理很快将这个话题敷衍过去，并且想尽办法让我不要再在这个话题上大做文章。

第二天一大早，我就听说这个部门经理开除了两个负责人，还撤换了11个员工。我明白他这么做纯粹是为了私心，这种事我不方便参与，但公司的问题仍然存在。所以我当天下午就去了机场，给公司的老总留了一条私信："注意做好每个月的执行总结报告。"

一年之后，我对这家公司进行回访，部门经理仍旧待在那儿，不过公司已经实行了月总结报告制度，而员工的执行力也有了很大的提高，之前的问题得到了明显的改善。

定期检查下属的执行力，这是一个最容易被领导忽视的工作环节，而问题通常也出现在这一环节。多数领导只关心下属是否会接受命令，而不在意他们是否有能力做好这些事，不关心他们具体的工作状况，而这通常会对整个执行体系造成破坏，目标与预期出现偏差也就常常难以避免。

那么领导该如何定期检查下属的执行力呢？或者说，如何分析员工的执行水平、执行情况呢？

通常情况下，要求领导必须具备更加强大的责任感，必须拥有足够的检查意识，同时也需要掌握具体的检查和分析步骤。

1. 谁是项目的总指挥

对于一个执行团队来说，肯定会有一个项目的负责人，这个人可能是老板，也可能是被任命的某一个领导，这个领导才是整个团队的总指挥。因此在检查下属执行力情况时，首先就需要了解这个总指挥是谁，他是否被授予了足够的权限，是否能够将公司的安排转化成可执行的动作、步骤和细节。

2. 上层监督，下层反馈

执行到了哪一步、执行的情况怎么样，这些都需要高层及时去了解，因此管理者必须及时进行监督，同时要求执行者必须定期汇报，从而确保高层掌握执行进度，并修正执行过程中可能出现的各种问题。

3. 做好总结，经常检讨

没有任何工作能够做到完美，执行者需要做的就是不断改进、不断完善，而最佳的完善方式就是对每一次的执行情况及时做好总结，检讨执行时犯下的过错。通常来说，一个月、一个季度、一年都需要做不同类型的总结报告。

4. 撤换不合格的人

当执行结果不尽如人意的时候，一定是某一个环节出现了问题，要么是项目的总指挥能力有限，要么是中层管理者沟通能力不佳，要么就是执行者执行不到位。总之，必须及时找出问题所在，然后将错误的人及时更换。

当然，作为管理者，上级还需要与下属定期进行沟通，这样就能够确保双方更好地协调彼此之间的工作，同时也能够更准确地了解下属的执行情况。

享讀者

WONDERLAND